AF241372

DIEU

ET LES
MYSTÈRES LES PLUS REMARQUABLES
DU RÈGNE ANIMAL,

par

A. P. S....,

NATURALISTE.

OUVRAGE ILLUSTRÉ PAR UN BEL ATLAS.

> Le Traité de la Chenille par Lyonet,
> est à la fois le chef-d'œuvre de l'anatomie
> et celui de la gravure.
> Les Mémoires de Réaumur sont ad-
> mirables par le nombre et la beauté des
> observations qu'ils renferment.
>
> CUVIER.

TOME SECOND.

❋

PARIS.
CHEZ LES PRINCIPAUX LIBRAIRES.
1846.

DIEU
ET LES MYSTÈRES

LES PLUS REMARQUABLES

DU RÈGNE ANIMAL,

COMPRENANT

Le Traité abrégé de la Chenille et du Ver à Soie de Lyonet,
un grand nombre d'observations sur différents Insectes,
les beautés de Réaumur sur l'Entomologie, avec Notes,
Réflexions, Éloges et Notices;

PAR A. P. S...,

NATURALISTE,

OUVRAGE ORNÉ D'UN BEL ATLAS, RENFERMANT 171 FIGURES.

> Le Traité de la Chenille par Lyonet, est
> à la fois le chef-d'œuvre de l'anatomie et celui
> de la gravure.
> Les Mémoires de Réaumur sont admirables
> par le nombre et la beauté des observations
> qu'ils renferment.
>
> CUVIER.

TOME SECOND.

PARIS.

CHEZ LES PRINCIPAUX LIBRAIRES.

1846.

NOTICE SUR RÉAUMUR.

Réaumur (René-Antoine Ferchault de), commandeur et intendant de l'ordre royal et militaire de Saint-Louis, de l'académie des belles-lettres de la Rochelle, membre de l'académie des sciences d'Angleterre, de Prusse, de Russie, de Suède, de celle de l'institut de Bologne, naquit à la Rochelle en 1683, de René Ferchault, seigneur de Réaumur, conseiller au présidial de cette ville, et de Geneviève Bouche.

C'est dans sa ville natale qu'il commença ses études, il les continua à Poitiers, et fit son droit à Bourges ; mais, à dater de cette époque, il fut entraîné par sa passion pour l'histoire naturelle, et comme il possédait une fortune assez considérable, il put se livrer sans aucun obstacle à cette belle science.

A peine âgé de 20 ans, il partit pour Paris, afin de contracter des relations intimes avec des personnes poursuivant la même carrière que lui. Le président Hénault, son parent, le mit de suite en relation avec plusieurs savants de la capitale. En 1708, ayant présenté à l'académie des sciences, quelques mémoires de géométrie, cette illustre compagnie l'admit au nombre de ses membres, il était alors âgé de 24 ans. Pendant près de cinquante ans, il fut un des académiciens les plus actifs et les plus utiles.

Tout son temps était consacré aux arts industriels, à la physique générale, ou bien à l'histoire naturelle, et il ne se passa presqu'aucune année sans qu'il publiât quelqu'ouvrage important, aussi, rendit-il à l'industrie française d'immenses services.

Ne pouvant, dans une simple notice, nous
étendre sur chacun des nombreux travaux
de cet homme extraordinaire, nous nous
contenterons de dire (afin que l'on ait une
idée de son génie et de son activité), qu'indépendamment d'un grand nombre de mémoires qu'il livra à la publicité, et dans
lesquels il traitait des sciences et des arts (1),
il laissa à sa mort 138 porte-feuilles remplis

(1) Les lecteurs désireux de connaître ces mémoires,
les trouveront, en partie, dans l'histoire de l'Académie;
mais pour apprécier les nombreux travaux de Réaumur,
il ne serait pas juste de les juger d'après nos connaissances actuelles. Réaumur, faisant pour la première fois
certains essais, ses découvertes ont dû être surpassées
(ainsi que cela arrive toujours) par d'autres hommes qui
ont continué les mêmes expériences. Cette observation
s'applique surtout aux connaissances de ce savant en
physique. Il pouvait et devait être considéré à l'époque où
il vivait, comme un physicien très-distingué; mais certains de ses travaux sur cette science ne sont plus au
niveau des connaissances actuelles; ce ne serait pas une
raison cependant pour croire que ce grand homme serait,
de nos jours, un physicien ordinaire; nous sommes convaincus qu'avec son génie, sa passion pour cette science,
et son infatigable activité, il eût été également célèbre,
et qu'il eût marché de pair avec nos physiciens modernes
les plus distingués.

a*

d'ouvrages complets ou commencés, d'observations, et d'une infinité d'autres pièces. Mais, malgré l'importance et l'utilité de la plupart des ouvrages de Réaumur, il y a plus de nouveauté et d'intérêt encore dans ceux qu'il publia sur l'histoire naturelle : nous voulons parler de ses mémoires pour servir à l'histoire des insectes (1). Nous avons placé à la suite de cette notice les éloges que plusieurs savants en ont faits ; nous n'avons rien à y ajouter, sinon, que l'on ne comprend pas comment cet homme de génie, après avoir écrit sur un si grand nombre de sujets, a pu trouver encore assez de temps pour rédiger ses immortels mémoires sur les insectes, dans lesquels il a su répandre tant de charmes, qu'ils se font lire avec l'intérêt du roman le plus attachant :

(1) La note précédente n'est pas applicable aux extraits de ces mémoires que nous publions ; le recueil d'observations sur l'entomologie de ce naturaliste philosophe ne vieillira jamais ; il est et restera unique dans son genre, à l'exception de quelques parties.

qualité qui est d'autant plus à apprécier, qu'il est extrêmement rare de la rencontrer dans les sujets de ce genre.

Notre tâche ne serait remplie qu'à moitié, si, après avoir fait connaître le savant, nous omettions de parler de l'homme privé.

Réaumur mériterait bien moins d'éloges, s'il n'eût pas joint à ses connaissances scientifiques, les qualités que doit posséder l'honnête homme ; l'extrait ci-joint de son éloge par Grandjean de Fouchy, secrétaire de l'académie des sciences, nous prouvera que ce grand homme avait compris que la science n'est rien sans les vertus privées :

« Ami vrai, toujours prêt à saisir l'occasion de
» donner des marques de son attachement, il ne
» négligeait rien de ce qui pouvait le témoigner.
» Son crédit, ses connaissances qui lui avaient tant
» coûté à acquérir, n'étaient chez lui que comme en
» dépôt pour le besoin de ses amis ; il était si exact
» à venir s'informer de leur état, lorsqu'ils étaient
» malades ; que quelques-uns, qui ne le voyaient

» pas assez à leur gré, disaient qu'ils souhaitaient
» avoir la fièvre, pour jouir plus souvent de sa
» présence. Les revers de fortune arrivés à ses amis,
» ne faisaient que resserrer les nœuds qui l'attachaient
» à eux ; avec de tels sentiments, il était bien digne
» d'en avoir de la plus haute distinction ; ce sera
» presque en faire la liste, que de dire qu'elle
» comprenait tout ce qu'il y avait de distingué en
» Europe, soit par la naissance, soit par les talents ;
» les plus grands hommes se faisaient honneur de son
» amitié. S'il a eu quelques ennemis (car quel grand
» homme a pu en être exempt !) il n'a jamais commis
» les premières hostilités, et ne leur a guère opposé
» que l'éclat de sa gloire et le phlegme de la phi-
» losophie. La douceur de son caractère le rendait
» très-aimable dans la société ; il ne faisait jamais
» sentir la supériorité de son génie, et on sortait
» instruit d'avec lui, sans qu'il eût pensé à instruire,
» et presque sans qu'on s'en fût aperçu.

» Ses mœurs n'étaient pas moins pures que ses
» lumières, et fidèle aux devoirs qu'impose la reli-
» gion, il s'en est toujours acquitté de la manière
» la plus exacte et la moins équivoque. »

On voit, par cet extrait, que le célèbre

Réaumur était un de ces hommes rares qui réunissent aux qualités de l'esprit, celles du cœur encore plus appréciables.

Pour compléter cette notice, nous devons ajouter que Réaumur mourut d'une chute qu'il fit en 1757, à l'âge de 74 ans. Sa vie se passa tranquillement dans le célibat, tantôt dans ses terres en Saintonge, tantôt dans sa maison de campagne de Bercy. Il n'accepta qu'un seul emploi (1), et consacra tous ses moments aux sciences. La considération publique suffit à ses désirs.

(1) Des arrangements de famille l'avaient obligé, en 1735, de prendre la charge d'intendant de l'Ordre de Saint-Louis, dont il a rempli les fonctions jusqu'à sa mort avec la plus grande exactitude, sans vouloir jamais accepter aucun des émoluments de cette place qu'il a toujours remis en entier à la personne à qui elle appartenait, et pour laquelle il s'était prêté à la conserver ; c'était remplir à la fois, et dans toute leur étendue, les devoirs de bon parent et de bon citoyen.

OPINIONS DE DIVERS AUTEURS

SUR LES MÉMOIRES DE RÉAUMUR.

Le savant Léon Dufour, dans son excellent ouvrage sur les hémiptères, dit page 106 : Il serait superflu d'insister sur la description d'une larve, que notre *inimitable* Réaumur a fait connaître avec son *exactitude accoutumée* ; et dans un article remarquable sur les cigales, il donne aux Mémoires de Réaumur la glorieuse épithète *d'immortels* ; c'est ainsi qu'il s'exprime, page 228 : L'oviscapte, composé d'instruments tranchants et perforants, fort curieux, a été décrit par Réaumur avec son *exactitude accoutumée*, dans le quatrième de ses *immortels* mémoires.

Léon Dufour.

Les Mémoires de Réaumur, ont presque autant contribué à répandre le goût de l'histoire naturelle que les brillants discours de Buffon. Réaumur s'est rendu *immortel* dans cette science, après avoir servi la physique en perfectionnant le thermomètre, et les arts en y appliquant pour la première fois la chimie. Avant lui, on n'avait aucune donnée pour juger jusqu'à quel point, les insectes sont féconds en merveilles ; avant lui, on était encore dans une ignorance profonde sur l'histoire des abeilles, qu'il a singulièrement éclaircie.

CARUS.

Il faudrait plus qu'une vie tout entière, à celui qui observerait sans méthode, pour voir tout ce que Réaumur a vu.

Félix DUJARDIN.

Réaumur était un des savants les plus distingués et un des premiers physiciens de son époque. Son talent consistait surtout dans l'observation, et si, à cet égard, il a eu des rivaux, on ne lui connaît point de supérieur. Les observations contenues dans ses Mémoires suffiraient pour illustrer plusieurs entomologistes.

Personne n'a montré plus de talent dans l'art de disposer ses expériences, de patience pour les suivre jusque dans leurs dernières conséquences et surtout un esprit plus dégagé de toute influence systématique et d'idées préconçues ; on peut lui reprocher seulement quelque prolixité et son indifférence pour toute espèce de méthode.

LACORDAIRE.

Réaumur a été l'un de nos plus ingénieux naturalistes. Ses Mémoires pour servir à l'histoire des insectes, sont clairs, élégans, pleins de cet intérêt qui vient de la curiosité sans cesse piquée par des détails nouveaux et singuliers.

DELILLE. Les Trois règnes.

En parlant du nombre incroyable d'espèces d'insectes qui existent, Bernardin de St-Pierre s'écrie : Que serait-ce donc s'il fallait décrire chacun de ces êtres avec la sagacité d'un Réaumur.

BERNARDIN DE SAINT-PIERRE.

Messieurs les journalistes de Hambourg conviennent que l'ouvrage de Réaumur est un chef-d'œuvre d'érudition, d'exactitude, d'élégance et de recherches agréables ; ils ajoutent qu'il est propre à convaincre les hommes de la puissance et de la sagesse infinie du créateur, par les esquisses qu'on y voit des caractères vivants qu'il a imprimés aux animaux pour lesquels ils ont un profond mépris.

LESSER. *Extr. de sa préface.*

Dans sa Contemplation de la nature, Bonnet donne à Réaumur l'épithète de Pline français.

LES PUCERONS

(APHIS, Lin.)

ORDRE DES HÉMIPTÈRES,

FAMILLE DES APHIDIENS.

———

> Il était réservé à ces êtres qui, par leur
> petitesse, leur obscurité, et surtout leur
> conservation difficile pour les collections,
> semblaient voués au mépris ou à l'indiffé-
> rence, d'attirer, de fixer l'attention soutenue
> des plus graves observateurs, et de dévoiler
> au zoologiste les phénomènes organiques les
> plus singuliers, les problèmes physiologi-
> ques les plus irrésolubles.
>
> Léon Dufour.

La multiplication toute spéciale des pucerons (1) est une des découvertes les plus
extraordinaires qui aient été faites en histoire
naturelle; aussi M. Aug. Duvau, dans ses
intéressantes Recherches sur ces insectes,

(1) Voir pl. VI, fig. 4.

prétend avec raison que cette découverte, qui date de 1740 à 1750, devrait former, dans l'histoire des sciences, une époque aussi remarquable que l'époque de la gravitation. Une étude suivie de la nature, et de la génération de tous les animaux connus, avait fait établir comme une règle unique, que la différence des sexes était indispensable pour perpétuer les espèces; mais les expériences faites par Bonnet, Réaumur, Lyonet, Bazin, Degéer, Aug. Duvau, etc., ont changé complètement nos idées sur ce sujet, et nous ont prouvé que le sublime auteur de la nature semble avoir voulu, par certaines anomalies, nous faire voir que sa puissance n'a aucune limite, et qu'il peut, quand il le veut, varier ses moyens pour arriver au même but. Les naturalistes précités, antérieurs à M. Aug. Duvau, ont obtenu jusqu'à dix générations spontanées en ligne directe; mais ce dernier observateur, aussi exact et aussi zélé pour la science entomologique que ces auteurs illustres, a répété, après une lacune de soixante ans, leurs expériences, et a obtenu une génération de plus; de sorte que dans le court espace de sept mois, M. Duvau a pu constater onze générations spontanées (1). Une découverte aussi inattendue était bien faite pour occuper à cette époque, non-seulement les jeunes naturalistes, mais encore les philosophes les plus graves. Nous aimons à croire que dans un siècle (comme le nôtre) où les études sérieuses sont suivies avec zèle, on lira avec beaucoup d'intérêt

(1) Une autre singularité que présentent ces insectes, c'est qu'au printemps et en été, les femelles produisent, sans accouplement préalable, des petits vivants qui se répandent bientôt sur les arbres, où ils trouvent une abondante nourriture et une température douce ; mais à la fin de l'automne, comme la rigueur de l'hiver ne manquerait pas de faire périr ces êtres délicats, des mâles paraissent pour féconder la dernière génération qui pond des œufs que le sage auteur a destinés à perpétuer l'espèce, aussi les femelles les mettent-elles à l'abri du froid, pour qu'ils se conservent jusqu'au printemps, époque à laquelle ils éclosent.

les détails, trop peu connus, que donne notre immortel Réaumur sur la merveilleuse multiplication des pucerons.

« On ne se seroit pas attendu que l'étude des pucerons eût dû nous apprendre, comme elle va le faire, à être réservés à prononcer sur la généralité des lois de la nature. S'il y en a quelqu'une qui ait paru n'être sujette à aucune exception, c'est celle qui veut que deux animaux de chaque espèce soient obligés de concourir pour donner naissance à de nouveaux individus de leur espèce. L'universalité de cette loi a été confirmée par les observations faites jusqu'à présent, tant sur les plus grands que sur les plus petits animaux. Il est vrai qu'après avoir trouvé pendant longtemps parmi les uns et les autres des mâles et des femelles, depuis qu'on a mieux étudié les insectes que ne l'avoient fait les anciens, on a reconnu que tous les individus de quelques-unes de leurs espèces, réunissoient en eux les deux sexes ; que les limaces, que les limaçons, que les vers de terre, etc., étoient mâles et femelles en même temps. Mais la généralité de la loi qui exige pour la génération le concours de deux individus de la même espèce, n'en a dû paroître que mieux établie, et plus nécessaire, puisqu'on a vu que des animaux qui sembloient être faits pour se soustraire à cette loi, y étoient cependant soumis : car on a pu s'assurer qu'un limaçon, quoique mâle et femelle, et qu'un ver de terre en qui se trouve de même ce qui constitue les deux sexes, n'étoient en état de mettre au jour des œufs féconds, qu'après que l'un s'étoit uni avec un second limaçon, et l'autre avec un second ver de terre ; en un mot, il n'a pas été accordé à ces animaux de se féconder eux-mêmes : des faits sans nombre ont donc confirmé une règle, qui jusqu'à nos jours n'avoit paru démentie par aucun fait assez positif. »

Après ces réflexions préliminaires, Réaumur explique par quels moyens Bonnet, de Genève, constata que les pucerons se multiplioient sans le concours des deux sexes ;

mais il restait un autre fait à prouver, il fallait s'assurer si un accouplement ne suffisait pas à plusieurs générations? Ce sont les expériences de Bonnet que nous reproduisons, expériences que notre Réaumur a voulu recommencer lui-même, avant d'en publier les résultats en ces termes :

« Mais plusieurs savants naturalistes, et de ceux même qui s'étoient assurés par leurs propres yeux qu'un puceron, à qui depuis l'instant de sa naissance il avoit été impossible de communiquer avec aucun autre, devenoit en état de mettre au jour des petits vivants, ont cependant eu peine à croire qu'il fût assez démontré que les espèces de ces insectes se conservassent sans accouplement. Ils ont eu un soupçon qui paroîtra singulier ; mais il est permis de se prêter à des idées qui ont quelque chose d'étrange, lorsqu'il s'agit de rendre raison d'un fait qui met une exception aux lois les plus connues et les plus générales. Ils ont pensé qu'il y avoit peut-être

des accouplements parmi les pucerons, et beaucoup plus efficaces que ceux des autres animaux ;
que le même servoit pour plus d'une génération ;
que les accouplements étoient nécessaires, mais
qu'ils n'avoient besoin d'être répétés qu'après
quelques générations ; que l'acte qui avoit fécondé
la mère, avoit fécondé le petit qui en devoit
naître ; que, quoique celui-ci, depuis sa naissance, n'eût communiqué avec aucun autre, il
pourroit, après avoir pris son accroissement,
mettre au jour des pucerons, mais qui peut-être
seroient des espèces de mulets, ou incapables
d'en produire d'autres ; ou que si l'effet de l'accouplement s'était étendu jusqu'à eux, ils ne
pourraient faire naître que des petits inféconds ;
en un mot, que l'accouplement pouvoit être
efficace pour un nombre de générations déterminé,
et non par-delà.

» Les expériences nécessaires pour décider si
une idée qui paraissoit au moins avancée assez
gratuitement, étoit vraie ou fausse, méritoient
plus d'être faites qu'il ne pourroit le sembler,
mais elles demandoient de la patience. M. Bonnet,

qui avoit voué celle dont il est si bien pourvu, à ces petits insectes, ne craignit point de se charger d'une suite d'observations qui devoit demander une longue assiduité. Il s'agissoit d'abord de tenir dans une parfaite solitude un puceron depuis le moment de sa naissance, jusqu'à ce qu'il eût accouché d'un petit qui seroit condamné, comme sa mère l'avoit été, à n'avoir commerce avec aucun autre puceron. Si, après sa dernière métamorphose, il donnoit des petits, il falloit s'assurer par les mêmes précautions qu'on avoit prises pour ceux des deux premières générations, si, sans s'être accouplés, ils seroient encore en état de mettre des petits au jour, et continuer ainsi ses expériences sur plusieurs générations qui se seroient succédées. Après des tentatives sur des pucerons du rosier, sur des pucerons du sureau, sur des pucerons du groseillier, que divers contre-temps rendirent inutiles, M. Bonnet en commença de plus heureuses sur un puceron du sureau, qu'il renferma à sa manière ordinaire, le 12 juillet, sur les trois heures après midi, c'est-à-dire, dès qu'il fût né.

Le 20 du même mois, à six heures du matin, il avoit déjà fait trois petits ; mais M. Bonnet attendit jusqu'au 22, vers midi, à renfermer et à condamner à vivre seul un puceron de la seconde génération, parce qu'il ne put parvenir plus tôt à être présent à la naissance d'un de ceux dont accoucha cette mère à qui le commerce avoit été interdit avec tout autre puceron, depuis qu'elle étoit née. Il usa toujours dans la suite de la même précaution ; il ne condamna à vivre seuls que des pucerons nés sous ses yeux, et soustraits à leur mère dans l'instant où ils venoient de naître. Une troisième génération, ou la seconde de celles qu'on savoit être venues sans accouplement, commença le 1er août : ce fut ce jour-là qu'accoucha le puceron qui avoit été renfermé le 22 juillet. Le 4 du mois d'août, sur les quatre heures après midi, M. Bonnet séquestra du commerce des autres un puceron de la troisième génération. Le 9 du même mois, à six heures du soir, une quatrième génération due à ce dernier, avoit déjà vu le jour ; il avoit donné naissance à quatre petits. Le même jour, vers minuit, tout commerce avec ceux de son espèce fut interdit à un puceron de la quatrième génération, né à cette heure. Ce dernier fut trouvé le 18 du même mois, entre six et sept heures du matin, avec quatre petits qu'il avoit mis au jour ; ceux-ci étoient de la cinquième génération, ou de la quatrième de celles qu'on savoit sûrement avoir été produites sans jonction. Le lendemain M. Bonnet renferma un puceron de la cinquième génération ; mais n'ayant eu à lui offrir que des tiges de sureau qui, quoique jeunes, s'étoient trop endurcies, il mourut avant que d'être parvenu à l'âge où il eût pu donner postérité. (1)

» Il semble que c'en étoit bien assez d'avoir des observations qui prouvoient que quatre gé-nérations consécutives de pucerons pouvoient être fécondées, quoique les pucerons de chacune de ces générations fussent restés vierges. Cette durée de fécondité a été encore confirmée, et même, je crois, sur un plus grand nombre de géné-

(1) Plus tard, Bonnet obtint neuf générations succes-sives en 3 mois.

rations, par **M. Lyonet**, et sur deux différentes espèces de ces petits insectes, entr'autres, sur une assez petite espèce du saule. (1) »

(1) **Nous** engageons les personnes qui désireraient acquérir des connaissances anatomiques approfondies sur les curieux insectes qui ont fait le sujet de cet article, à consulter les savants travaux de M. Léon Dufour ; si elles sont en position de se procurer son excellent ouvrage intitulé : *Recherches sur les hémiptères.*

Nous nous contenterons d'ajouter aux faits singuliers que nous venons de rapporter : qu'on trouve les pucerons réunis en très-grande quantité sur presque toutes les plantes ; quoique paraissant dans l'inaction, ils sont occupés à tirer le suc des feuilles avec la trompe dont ils sont pourvus. On voit souvent sur les tilleuls, les groseilliers et les pommiers, des feuilles couvertes de tubérosités ; ce sont les pucerons qui les font naître. Ces espèces de vessies servent de demeure et de nourriture aux mères des pucerons et à leurs petits ; elles ont la singulière propriété d'augmenter de volume à mesure que la famille s'accroît.

Partout où l'on trouve des pucerons, on est presque certain de rencontrer des fourmis ; celles-ci les suivent parce que les pucerons rendent par l'extrémité du corps et par les deux cornes qu'ils ont à l'abdomen, des gouttes d'une eau mielleuse dont les fourmis sont très-friandes. Les pucerons ont, heureusement pour nos cultivateurs, un grand nombre d'ennemis qui les dévorent chaque jour par centaines ; s'il n'en était pas ainsi, ils se multiplieraient à un tel point, qu'une foule de plantes dépériraient par suite de leurs piqûres.

LES HIPPOBOSQUES,

VULGAIREMENT MOUCHES-ARAIGNÉES, (1)

(HIPPOBOSCA, Lin., Fab.)

ORDRE DES DIPTÈRES,

FAMILLE DES PUPIPARES.

> Toutes ces merveilles méritoient d'être
> mises au jour par Réaumur, auquel les
> amateurs d'histoire naturelle doivent tant
> de reconnaissance pour tous les faits in-
> téressants qu'il a laissés sur les insectes.
>
> De Tigny.

Voici des insectes qui sont dignes de figurer à la suite des pucerons, à cause de leur reproduction qui n'a rien de commun avec celle d'aucun autre insecte connu. Comme c'est encore à notre savant Réaumur que nous sommes redevables de la plus

(1) V. pl. VI, fig. 2.

grande partie de ce qu'on sait sur la génération des hippobosques (1), nous ne pensons pas pouvoir mieux faire que de reproduire les principaux passages du beau mémoire qu'il nous a laissé sur ces diptères.

« Le mémoire précédent nous a appris que des lois de la nature, qu'une très-longue et très-nombreuse suite d'expériences et d'observations nous avoit fait juger générales, pouvoient avoir et avoient des exceptions ; mais il ne nous a pas encore assez montré jusqu'où notre défiance doit être portée, par rapport à la généralité de celles qui nous sont connues ; et en conséquence desquelles de nouveaux êtres organisés et animés sont mis en état de remplacer ceux qui périssent journellement. S'il y a une loi de la nature qui semble nécessaire dans toute sa généralité, c'est

(1) Le baron de Géer a aussi consigné dans ses Mémoires des observations fort curieuses sur ces insectes ; mais nous devons dire que l'habile observateur Léon Dufour a surpassé ses devanciers par ses recherches anatomiques (V. Annal. des scienc. nat., VI, 299 et suiv).

celle qui veut que l'animal naissant ait à croître, qu'il soit plus petit que père et mère. Quelqu'un qui attesteroit avoir vu de ses propres yeux une espèce de quadrupèdes dont la femelle, d'une taille égale à celle d'un bœuf ou d'un chameau, met au jour un animal aussi grand qu'elle-même, qui, dès qu'il est né, est parfait et n'a plus à croître, seroit pour le moins pris pour un homme qui débite ses rêveries. Il nous paroîtroit faire des contes aussi peu dignes d'être écoutés, s'il nous disoit qu'il a vu un grand oiseau pondre un œuf d'un volume si énorme, qu'il en sort par la suite un oiseau égal en grandeur et en tout semblable à celui qui a pondu l'œuf. La merveille racontée de l'animal ovipare ne seroit en rien plus croyable que celle qui auroit été rapportée du vivipare ; elle le seroit même moins, car la coque de l'œuf augmente encore le volume d'une masse jugée beaucoup trop grande pour être contenue dans le corps de la mère. En un mot, on ne parviendroit pas à faire croire aux hommes les plus crédules, qu'il y a une espèce de poules, par exemple, qui pond des œufs d'où sort une poule ou un coq, qui, dans le moment même où il paroît au jour, ne cède aucunement en grandeur à la mère, ni au mâle par qui elle a été fécondée. Quelque petit que fût l'oiseau-mère auquel le prodige seroit attribué, fût-il plus petit qu'un colibri, ou qu'un oiseau-mouche, ce prodige n'en paroîtroit pas moins une fable. La merveille n'est ici en rien augmentée ou diminuée par la petitesse de l'animal. L'imagination et même la raison seront toujours révoltées, lorsqu'on voudra faire concevoir un animal naissant aussi grand que père et mère. J'ai pourtant été conduit par degrés à soupçonner que l'histoire des insectes avoit un tel prodige à nous montrer. J'ai osé me prêter à un soupçon qui paroît d'abord si déraisonnable : j'ai cherché à le vérifier ; et quelques espèces de mouches m'ont fait voir que le prodige étoit réel dans toute l'étendue du sens singulier sous lequel nous venons de le présenter. »

Après ces réflexions, qui doivent nous faire comprendre quelle importance Réaumur attachait à la singulière anomalie que les hippobosques présentent dans le produit de leur parturition, cet auteur expose les habitudes et les caractères extérieurs auxquels on peut reconnaître ces insectes ; puis il détaille tous les soins qu'il prit pour se procurer des œufs, et être témoin de la naissance d'un de ces insectes ; afin de s'assurer s'ils sont réellement semblables et aussi gros, en naissant, que les mâles ou les femelles à qui ils doivent le jour. Après avoir témoigné tout le plaisir qu'il éprouva d'avoir pu constater ce fait d'une manière non équivoque, il continue ainsi :

« Ce doit être une grande opération pour une mouche, que de faire sortir de son corps un œuf dont le volume surpasse celui du corps même. Cependant elle pond pour l'ordinaire cet œuf d'une grosseur si démesurée, avec autant de facilité que d'autres mouches en pondent d'une grosseur plus proportionnée à la leur. C'est une affaire d'un instant ; au moins au bout d'un instant ai-je vu en entier l'œuf dont je venois de voir paroître le bout en dehors du derrière de la mouche. Tout ce que la nature a voulu qui fût fait par les animaux, leur a été rendu facile. Au-dessous de l'anus de la mouche il y a une ouverture qui est ordinairement couverte par une plaque triangulaire et cartilagineuse. Cette ouverture se dilate au point nécessaire pour que l'accouchement ne soit point trop laborieux (1).

(1) Nous plaçons ici cette note que nos lecteurs liront sans doute avec intérêt, parce qu'elle complète les détails donnés par Réaumur, et qu'en même temps elle nous fait voir que, dans les organisations les plus bizarres, la prévoyante nature sait toujours avec le même bonheur, éviter que ces organisations anormales soient une cause de mort ou même de douleur, pour les animaux qui les ont reçues. M. Léon Dufour a dévoilé une sorte de matrice consistant en une grande poche musculo-membraneuse, destinée à une véritable gestation analogue à l'utérus de la femme, et des ovaires totalement différents de ceux des autres insectes. Suivant ce savant, ces ovaires, par leur configuration et leur position, se rapprochent singulièrement de ceux de la femme ; Réaumur avait déjà entrevu leur existence. La matrice, d'abord très-petite, se dilate énormément, par les progrès successifs de la gestation, refoule tous les viscères, et finit par envahir toute la capacité abdominale, à laquelle elle donne une ampleur considérable.

C'est peut-être pour fournir à la dilatation de cette ouverture, pour mettre ses bords hors de risque d'être déchirés, malgré la grande dilatation, que la partie postérieure du corps est plus large que le reste. La mouche qui vient de se délivrer d'un si gros œuf, n'en paroît pas plus fatiguée ; elle marche et vole sur-le-champ à son ordinaire. J'ai vu pourtant des pontes laborieuses, et je n'étois pas fâché qu'elles le fussent. Une mouche qui avoit été trop pressée par les doigts qui l'avoient prise, a quelquefois commencé à faire sortir entre les miens, un œuf qui n'étoit pas encore à terme ; l'opération alors a été longue, et j'en ai plus eu le temps d'observer la dilatation excessive qui se fait par degrés dans l'ouverture par laquelle l'œuf doit passer : son bout le moins gros, celui qui a une grande tache noire, se présente le premier. On voit d'abord paroître cette tache ; après qu'elle s'est montrée, on ne tarde guère à apercevoir une portion de couleur blanche ; l'œuf entier est ensuite poussé hors du corps. »

Nous avons pensé qu'il était inutile de reproduire ici plusieurs pages dans lesquelles notre infatigable scrutateur rend compte des différentes expériences qu'il a faites, pour résoudre des questions qui tendent toutes à faire connaître le mode de développement de l'hippobosque, lorsqu'il est dans l'œuf. Il suffit que l'on sache que Réaumur s'est assuré que cet insecte prend d'abord la forme de boule alongée (voir cette curieuse transformation à l'article *mouche*, page 214, etc), puis, celle de nymphe, et que toute la matière qui remplit un œuf d'hippobosque ne doit pas être regardée comme une masse informe, qu'elle a vie, qu'elle est un animal qui n'a plus à croître, et dont les parties n'ont besoin que d'acquérir de la consistance et de se fortifier. Satisfait d'avoir constaté ces faits, il continue ainsi :

« La dureté et la solidité de la coque de chaque œuf la rendent bien propre à défendre l'insecte qu'elle renferme ; mais cet avantage devroit tourner contre la mouche, lorsqu'avec des parties encore foibles qui n'ont pas pris toute la consistance que l'air doit leur donner, elle a à forcer les murs de sa prison. Nous admirons ailleurs comme tout a été préparé pour que d'autres mouches à deux ailes puissent se tirer d'une coque solide, faite de la peau que le ver a quittée lorsqu'il s'est transformé. Nous verrons qu'un des bouts de ces sortes de coques se trouve fait d'une calotte qui peut être séparée du reste par des efforts qui ne sont pas au-dessus de ceux dont la mouche est capable ; enfin que cette calotte peut être aisément divisée en deux pièces égales et semblables ; que la tête de la mouche est l'instrument au moyen duquel elle vient à bout de détacher la calotte et de la diviser en deux ; que la tête de la mouche qui, dans le reste de sa vie sera roide, est alors molle et capable de se gonfler et se contracter alternativement ; que c'est enfin en se gonflant qu'elle agit avec succès contre la calotte, qui étant hors de place, laisse à la mouche une porte ouverte et d'une grandeur suffisante.

» Le même art qui a été employé dans la construction de ces dernières coques, l'a été dans celle des coques des mouches-araignées. Avec la pointe d'un canif l'on peut parvenir aisément à faire sauter du gros bout de chacune, de celui où est la tête, une calotte qui, étant pressée, se divise en deux pièces égales et semblables. Si l'on observe une coque entière avec une loupe, on peut y apercevoir un foible trait qui montre l'endroit où cette calotte se réunit avec le reste de la coque. Quand le temps est venu où la mouche l'en doit séparer, elle a sans doute le pouvoir de gonfler sa tête, comme l'ont en pareil cas les autres mouches dont nous venons de parler. »

Réaumur termine son remarquable Mémoire par ces réflexions :

« Mais si l'on nous demandoit pourquoi il a été établi que deux espèces d'insectes, ou au plus un petit nombre d'espèces naîtroient d'une façon si singulière, pourquoi elles ont été traitées avec

une distinction qui nous doit paroître digne
d'envie ; car assurément il seroit désirable de
naître avec la grandeur et la force de l'âge viril ;
si, dis-je, on nous demandoit pourquoi cette
exception a été faite en leur faveur, nous ne
rougirions point d'avouer que cette question,
comme toutes celles qui, pour être résolues,
exigeroient que nous pussions pénétrer dans les
desseins de l'intelligence et de la sagesse infinies,
est au-dessus des foibles lueurs de nos connoissances. Jouissons, autant qu'il est en nous, du
grand spectacle que la nature nous offre : que
tous les êtres qui concourent à sa magnificence et
à sa variété, soient l'objet de nos contemplations,
de nos méditations et de nos recherches : ne
nous lassons point d'admirer le nombre prodigieux d'espèces de plantes, et le nombre incom-
parablement plus grand d'espèces d'animaux qu'a
en partage la partie de l'univers que nous habitons :
comparons entre elles les figures si variées que
nous présentent ces êtres organisés : prenons-les
le plus près qu'il nous est possible de leur origine,
et les étudions dans tout le cours de leur vie :

ce n'est qu'en consultant la nature dans toutes ses parties, que nous pouvons découvrir les lois que son auteur a établies. Les spéculations métaphysiques des plus sublimes génies abandonnés à eux, nous conduiroient mal. Des faits sur lesquels on doit autrement compter, nous apprennent que l'être suprême ne s'est pas seulement plu à varier au-delà de ce qu'il est possible d'imaginer, les formes de différentes espèces d'animaux ; qu'il s'est plu encore à varier les lois en conséquence desquelles ils arrivent à l'état de perfection où il les veut. »

LES FOURMILIONS [1]

(MYRMÉLEON, Lin.)

ORDRE DES NÉVROPTÈRES,

FAMILLE DES PLANIPENNES.

> Le formica-leo est un des insectes qui
> ont fait la fortune la plus brillante, et la
> plus rapide : j'entends par fortune d'in-
> secte, celle d'avoir mérité nos regards et
> causé notre admiration.
>
> BAZIN.

Il y a environ cent cinquante ans, lorsque
l'industrie de ces intelligents insectes fut
révélée pour la première fois, toutes les
personnes qui s'occupaient d'histoire naturelle voulurent être témoins de leurs merveilles.

Chaque naturaliste, voulant s'assurer

[1] V. pl. VI, fig. 3, et sa larve fig. 4.

de ses propres yeux, si les faits que l'on rapportait d'eux étaient exacts, nourrissait quelques-unes de leurs larves dans du sable, afin de leur voir exécuter leurs manœuvres, et construire leurs entonnoirs. Chacun se plaisait à conduire de malheureuses victimes dans leurs piéges, pour observer le formica-leo exerçant sa savante industrie que notre Pline français va nous faire connaître :

« La figure du *Formica-leo* n'offre pourtant rien d'abord de fort remarquable ; il ne paroît pas mériter plus d'attention qu'un cloporte de médiocre grandeur, qui auroit deux cornes en devant de la tête. Il est né vorace, et doit se nourrir, dans tous les temps de sa vie, du gibier que la chasse lui fournit ; mais il ne sauroit espérer de prendre à la course aucun insecte, même aucun de ceux dont la marche est la plus lente : il ne peut aller qu'à reculons ; il lui est impossible de faire un seul pas en avant ; mais il sait dresser un piége aux insectes, au moyen duquel il réussit à se rendre maître de ceux même qui lui sont supérieurs en force. Ce piège n'est qu'un trou en forme d'entonnoir, creusé dans un sable très-mobile, ou dans une terre sèche et pulvérisée : l'entonnoir a deux ou trois pouces de diamètre à son entrée, et a de profondeur les deux tiers ou les trois quarts de son diamètre. Le formica-leo se tient à l'affût au fond de cet entonnoir, son corps y est entièrement caché sous le sable, au-dessus duquel ses deux cornes s'élèvent ; ce sont deux excellentes armes qu'il peut approcher ou écarter à volonté l'une de l'autre par leur pointe, et avec lesquelles il peut saisir et percer le corps de l'insecte le mieux caparaçonné d'écailles. Malheur à celui, à la fourmi, au cloporte, à la petite chenille, et à tout autre qui, en suivant sa route, passe sur les bords du précipice ! ils sont toujours tout prêts à s'ébouler : l'insecte roule avec les grains de sable qui échappent sous ses pieds, dans la fosse où le lion l'attend. L'animal infortuné ne manque pas de faire tous ses efforts pour se tirer du précipice dans lequel son imprudence l'a conduit, il tâche de grimper le long des parois escarpées; malgré la pente, les grains de sable ne cèdent pas toujours sous ses pieds; lorsqu'il est aussi léger qu'une fourmi, il fait avec succès des pas vers le haut de l'entonnoir. Le formica-leo ne néglige pas alors une ressource qu'il a pour se rendre maître de la proie qui lui échappe : sa tête est plate, mais il peut l'élever en haut et l'abaisser avec vitesse, au moyen d'un col très-mobile à qui elle tient; avec sa tête, comme avec une pelle, il fait voler du sable en l'air, et cela dans une telle direction, que les grains retombent pour la plupart sur l'insecte qui grimpe avec beaucoup de peine : ces grains le frappent, et sont pour lui ce que serait pour nous une grêle de pierres. Le formica-leo ne s'en tient pas à ce premier jet de sable, il ne cesse d'en lancer en l'air de nouveaux, de faire pleuvoir le sable, que lorsque le malheureux insecte a été forcé par des coups redoublés de tomber dans le fond du trou. Dès qu'il y est, les cornes du formica-leo le saisissent et le percent. Ces cornes ne sont pas de simples armes

meurtrières ; le formica-leo n'a pas une bouche
ou une trompe placée comme l'est celle du
commun des insectes ; mais il a pour ainsi dire
deux bouches, une au bout de chaque corne,
ou, pour parler plus exactement, chaque corne
est une trompe avec laquelle il suce et fait
passer tout ce que l'intérieur de l'insecte pris
a de succulent. Il le dessèche au point de rendre
friable celui qui était mou, et le jette ensuite
hors de l'entonnoir ; après quoi il attend pa-
tiemment le hasard heureux qui lui en procurera
un autre (1). La grandeur de l'entonnoir a

(1) Si l'on se représente la petitesse de l'ouverture qui
est au bout d'une pointe aussi déliée que celle de chaque
corne du formica-leo, on sera émerveillé, en voyant que
cet insecte parvient à faire passer dedans, par des ouvertures si prodigieusement petites, tout ce qui est renfermé
dans le corps d'une très-grosse mouche. On peut, il est
vrai, s'assurer que chaque corne est un corps de pompe dans
lequel joue un piston ; mais les fonctions si remarquables
de ces merveilleuses cornes nous font comprendre que
mille choses curieuses échappent à nos yeux, même aidés
du secours des plus fortes loupes. Ajoutons à ces détails
que si l'auteur qui a créé ces insectes, les a fait naître
voraces et les a destinés à ne vivre que de chasse, tout
en les privant d'une faculté essentielle à tout chasseur,
qui est celle de pouvoir courir après le gibier, il les a

quelque proportion avec celle du formica-leo qui l'habite. De le faire n'est pas pour lui un ouvrage aussi simple qu'on l'imagineroit ; il commence par creuser un fossé circulaire qui en limite l'enceinte, au dehors de laquelle il jette peu à peu le sable ôté de la masse de figure conique qui doit être enlevée : la jambe qui se trouve vers l'intérieur du trou, charge la tête de sable qu'elle fait ensuite voler dehors. Il marche en tournant autour de la masse de sable, mais en faisant beaucoup de pauses, car dès qu'il a fait un pas, il s'arrête pour charger sa tête ; enfin, après un grand nombre de tours, tout le sable a été jeté hors du trou (1).

largement indemnisés, en leur donnant une intelligence peu commune, et une arme très-redoutable, qui sert en même temps de suçoir ; arme qui, par la double fonction qu'elle remplit, nous présente encore un des nombreux exemples de cette variété de moyens que la nature emploie, pour résoudre les problèmes qu'elle semble prendre plaisir à se poser.

(1) Lorsque ce curieux insecte rencontre une petite pierre trop pesante, pour qu'il puisse la lancer en l'air avec sa tête au-delà du trou commencé, il se détermine à porter cette pierre incommode où il ne la peut jeter : il sort du sable ; en avançant ensuite un peu à reculons,

Quand le formica-leo a pris son accroissement complet, il se construit une coque sphérique, dont l'enveloppe extérieure est composée de grains de sable ou de terre, liés ensemble par des fils de soie; mais il emploie la soie seule pour en tapisser l'intérieur d'une tenture blanche qui a le luisant du plus beau satin. La filière qui fournit la soie est à son derrière. Enfin, l'insecte renfermé dans sa coque s'y métamorphose en une nymphe qui devient une demoiselle dont les couleurs n'ont rien de frappant, elle est presque grise. »

il fait passer adroitement le bout de son derrière sous la petite pierre, et en donnant à ses anneaux des mouvements convenables, il la conduit vers le milieu de son dos, et l'y met en équilibre. Comme il est très-difficile de la conserver dans cet équilibre pendant le transport, en montant à reculons le long d'une pente escarpée, d'un moment à l'autre la charge manque de tomber, alors notre intelligent insecte abaisse ou élève à propos certaines parties de ses anneaux, et parvient à la retenir. Si, malgré tout son savoir en tour d'équilibre, la pierre roule dans le fond du précipice, nouveau sysiphe, il a le courage d'aller la rechercher cinq ou six fois, s'il le faut. Le fait que nous venons de rapporter, nous paraît assez remarquable pour qu'il soit permis, selon nous, d'élever le formica-leo au rang des animaux les plus intelligents.

LES COUSINS

(CULEX, Linnée; CULICIDES, Latreille)

ORDRE DES DIPTÈRES,

FAMILLE DES NÉMOCÈRES.

> Le cousin mérite d'être connu à cause des soins singuliers que l'auteur de la nature a pris pour sa multiplication, et de l'art avec lequel il a formé son aiguillon, cet instrument destiné à sucer notre sang.
>
> L'abbé BAZIN.

Lorsqu'on se livre avec application à l'étude de ces curieux insectes, (1) on est disposé à croire que le sublime architecte s'est plu à les combler de ses faveurs ; car, soit qu'on les observe à l'état de larve, soit qu'on les examine à l'état de nymphe, ou à celui d'insecte parfait, ils dévoilent aux observateurs philosophes les plus étonnantes

(1) V. pl. II, fig. 5.

merveilles. Ils réunissent à une intelligence et à un instinct des plus surprenants, une organisation merveilleuse ; tout en eux est à admirer ; d'abord, leur trompe, cet instrument si remarquable, tant par son incomparable mécanisme, que par le nombre prodigieux de parties qu'il renferme ; (1) ensuite, leurs ailes qui, vues au microscope,

(1) V. pl. 11, fig. 1, 2, 3, 6, 7, 8, 9 et 10, avec les explications.

Ces explications et ces figures pourront donner aux lecteurs une idée assez complète de l'admirable organisation de cette trompe, et des ingénieux moyens que Dieu a employés pour que l'étui qui enveloppe les aiguillons pût se courber entièrement, lorsque le cousin les introduit dans notre chair. Nous aimons à croire que l'on verra, avec une vive curiosité, ces aiguillons grossis au microscope. On pourra admirer avec quelle perfection ces pièces, à peine visibles à l'œil nu, ont été faites pour remplir les pénibles fonctions auxquelles elles ont été destinées. Mais pour avoir une idée, aussi exacte que possible, de la complication de la merveilleuse trompe du cousin, déjà si petite pour contenir toutes les parties qui la font agir, il faut encore se pénétrer qu'elle renferme des vaisseaux qui sécrètent au besoin un liquide très-fluide, ayant la propriété de donner plus de fluidité à notre sang, et aux autres liquides qui doivent passer dans la trompe.

offrent un coup-d'œil des plus ravissants, ainsi que les jolis panaches qui ornent si gracieusement leur tête (1).

Si, des beautés extérieures du cousin arrivé à l'état parfait, nous venons à considérer ses larves, leur manière de se nourrir nous surprend. Pour manger, elles agitent vivement leurs barbillons qui, étant bordés de cils bien fournis, déterminent de petits courants d'eau, portant à l'insecte l'aliment nécessaire. Nous sommes également surpris de voir le long tuyau que ces larves portent au derrière, pour respirer l'air à la surface de l'eau (2). Mais notre surprise est à son

(1) V. pl. I, fig. 6, un cousin mâle grossi au microscope. Nous devons observer que pour bien voir les ailes dans toute leur beauté, il faudrait qu'elles fussent beaucoup plus grossies.

(2) V. pl. II, fig. 4. Le lecteur, en observant cette figure, verra avec quelle sollicitude la sage nature veille aux besoins des moindres insectes. Si elle a mis la larve du cousin dans l'obligation de vivre la tête en bas, elle a fait en sorte que cette singulière position ne fût pas même pénible pour l'insecte; car on peut remarquer que l'extrémité de son canal étant évasée, et se présentant à

comble, quand nous voyons, peu de temps après, leur curieuse métamorphose en nymphe, après laquelle, au lieu de respirer par la queue, cette nymphe respire par deux tuyaux faits en oreilles d'âne, qu'elle porte sur le corcelet. (1) C'est à la surface de l'eau que le cousin doit sortir de son enveloppe de nymphe ; l'eau qui, naguère était son élément naturel, devient, dans ce moment critique, redoutable pour lui.

Le procédé qu'il emploie pour se soutenir et s'élever sur sa dépouille au-dessus de la surface de l'eau, est un tour d'équilibre et de force très-difficile et des plus surprenants de la part d'un chétif insecte. Une fois échappé à ce danger, le cousin vit quelque temps dans l'air, se nourrit de notre sang et du suc des plantes ; ensuite, sa femelle revient sur l'eau pour y déposer ses œufs. Chacun

sec hors de l'eau, lui permet de s'y soutenir tant qu'il le tient ouvert, et qu'il lui suffit de le fermer pour plonger.

(1) V. pl. I, fig. 2.

de ces petits œufs ressemble à une quille,
et la mère, par un procédé des plus ingénieux, en réunit au moins 500, pour en
faire un petit bateau qui a sa poupe et sa
proue (1).

Comme ce petit bateau doit voguer sur
l'eau pendant plusieurs jours, c'est-à-dire
jusqu'à ce que les larves éclosent, la femelle
a la sage précaution de tourner l'ouverture
des œufs du côté de l'eau, afin que la
larve qui doit en sortir tombe tout naturellement dans l'élément dans lequel elle doit
vivre. Bien peu de personnes devineront,
nous en sommes convaincus, le moyen que
le cousin emploie pour édifier son petit
bateau d'œufs, car la construction de cette
surprenante embarcation nécessite chez les
femelles une industrie qui semble supérieure
à celle que l'on accorde ordinairement aux
insectes les mieux partagés sous ce rapport.

(1) V. pl. 1, fig. 1.

Comment peuvent-elles réussir à poser chaque œuf perpendiculairement à la surface de l'eau ? Comment maintiennent-elles dans cette position le premier œuf ? C'est cette opération difficile que nous allons faire connaître, en reproduisant textuellement une partie de l'intéressant mémoire de Réaumur, à laquelle nous avons joint l'opération critique de la transformation de la nymphe en cousin, opération que notre infatigable scrutateur a décrite, avec son exactitude accoutumée :

« Le cousin sous la forme de nymphe, comme sous celle de ver, aime, non-seulement à se tenir à la surface de l'eau, il s'y tient même plus volontiers ; sa légéreté l'y porte naturellement ; il est obligé de donner des coups de queue quand il veut descendre sous l'eau, et dès qu'il cesse de se donner du mouvement, il est reporté à la surface. Dans son nouvel état il n'a plus besoin de prendre de nourriture, et il n'a plus d'organes propres à la recevoir ; mais il a autant, ou plus de besoin de respirer l'air, qu'il en avoit auparavant. Ce que sa métamorphose nous offre aussi de plus singulier, mais qui ne nous doit pas paroître absolument nouveau, c'est la différente position des organes par lesquels il respire (1). Pendant que l'insecte étoit ver, c'étoit par le long tuyau (2) qu'il avoit à sa partie postérieure, qu'il recevoit ou qu'il chassoit l'air. En se défaisant de sa peau de ver, il a perdu ce tuyau jusqu'au bout duquel s'étendoient ses principales trachées. Les deux espèces d'oreilles (3) qui s'élèvent sur le corcelet de la nymphe, sont pour elle ce que le long

(1) Ne nous lassons pas d'admirer ces curieuses métamorphoses si multipliées chez les insectes. Quoique les trois états par lesquels la plupart passent avant d'arriver à celui où ils peuvent engendrer et se reproduire, soient considérés chacun comme un développement, ou, pour mieux dire, une sorte de déboîtement de celui qui précédait ; de sorte que la larve contient, sous différentes enveloppes, la nymphe, qui, à son tour, recouvre l'insecte parfait ; ces transformations successives n'en sont pas moins un des plus surprenants phénomènes de l'organisation animale.

(2) Voir pl. II, fig. 4, r.   (3) Voir pl. 1, fig. 2.

tuyau de la queue étoit pour le ver ; aussi la nymphe tient-elle toujours au-dessus de la surface de l'eau, les bouts de ces deux oreilles, qui sont ses stigmates antérieurs. Si on se rappelle ce que nous avons dit ailleurs des cornes qui poussent aux coques dans lesquelles les vers à queue de rat se transforment, on jugera que les deux oreilles de la nymphe du cousin sont analogues aux quatre cornes de ces coques ; ces cornes sont essentielles à notre nymphe pour respirer l'air, sans elles elle périroit. Le long tuyau de la queue du ver du cousin servoit au même usage, aussi ne puis-je concevoir comment Swammerdam, après avoir bien connu les fonctions de ce tuyau, a avancé qu'il n'est pas absolument nécessaire au ver, qu'il ne l'a que pour sa commodité ; la preuve qu'il en a voulu donner, est que lorsque l'insecte se métamorphose, il se défait de ce tuyau. Les dents n'auroient aussi été accordées aux chenilles, que pour une simple commodité, car quand ces insectes deviennent chrysalides, ils perdent les dents de chenilles. Notre insecte, en devenant nymphe, a perdu aussi les parties qui servoient à le nourrir pendant qu'il étoit cousin; ces parties ne lui étoient-elles que commodes? Pour appuyer une proposition si extraordinaire, il auroit fallu que Swammerdam eût pu assurer qu'il avoit fait vivre des vers auxquels il avoit retranché la queue, ce qu'il ne dit point avoir tenté, et qui ne lui eût pas réussi apparemment.

» J'ai toujours eu, à la fois, dans le même vase, un trop grand nombre d'insectes qui devoient devenir des cousins, pour pouvoir m'assurer combien de temps chacun d'eux passoit sous la forme de nymphe; il m'a paru que c'étoit environ huit à dix jours, et cela cependant selon la saison, selon que l'eau a été plus ou moins chaude. Je sçais au moins que dans le mois de mai, l'insecte est en état de devenir ailé, environ trois semaines après sa naissance : avant la fin de ce mois, j'ai vû sortir de leurs dernières dépouilles, beaucoup de cousins, dont les vers n'avoient commencé à paroître que les premiers jours du même mois. Dom Allou rapporte qu'il a vû de ces insectes qui ne se sont

métamorphosés en cousins, que quatre semaines
après être sortis de l'œuf, et qu'il en a vu
d'autres devenir cousins onze à douze jours
après leur naissance.

» Si le grand nombre des nymphes de cousins
que j'ai eues à la fois dans mes baquets, m'a
empêché de pouvoir m'assurer du temps précis
qu'elles restent sous cette forme, il m'a, en
revanche, mis à portée de voir et de revoir,
cent et cent fois de ces insectes, pendant que
leur dernière transformation s'accomplissoit ; de
voir cent et cent fois naître des cousins, de les
voir se tirer de l'enveloppe qui leur donnoit la
forme de nymphe. Cette métamorphose se fait
très-vite, et elle est accompagnée de quelques
circonstances propres à intéresser l'attention
d'un observateur. Quand il s'est procuré un
baquet bien peuplé de vers de cousins, ou, ce
qui par la suite, est la même chose, de nymphes, il vient un temps où, à toutes les heures
du jour, il peut voir de ces petits insectes
aquatiques, dans l'instant où ils passent à l'état
d'habitans de l'air ; il y en a pourtant plus qui

deviennent ailés vers le midi, qu'aux autres heures. L'insecte qui est parvenu au moment où ses enveloppes ne lui sont plus nécessaires, et qui veut s'en tirer, se tient, comme auparavant, en repos à la surface de l'eau ; mais au lieu que dans les autres temps où il ne changeoit pas de place, la partie postérieure de son corps étoit contournée et comme roulée en dessous, alors il redresse cette partie, il la tient étendue à la surface de l'eau, au-dessus de laquelle son corcelet est élevé. A peine a-t-il été un moment dans cette position, qu'en gonflant les parties intérieures et antérieures de son corcelet, il oblige sa peau de se fendre assez près de ces deux stigmates, ou même entre ces deux stigmates, qui ont la figure d'oreilles ou de cornets. Cette fente n'a pas plus tôt paru, qu'on la voit s'alonger et s'élargir très-vite, elle laisse à découvert une portion du corcelet du cousin, aisée à reconnoître par la fraîcheur de sa couleur, qui d'ailleurs est verdâtre, et différente de celle de la peau qui l'enveloppoit auparavant.

» Dès que la fente a été assez agrandie, et

4*

l'agrandir assez est l'affaire d'un instant, la partie
antérieure du cousin ne tarde pas à se montrer;
bientôt on voit paroître sa tête, qui s'élève
au-dessus des bords de l'ouverture. Mais ce
moment et ceux qui suivront jusqu'à ce que le
cousin soit entièrement hors de sa dépouille,
sont des momens bien critiques pour lui, des
momens où il court un terrible danger. Cet
insecte qui vivoit dans l'eau, qui seroit péri si
on l'en eût tenu dehors pendant un temps assez
court, a subitement passé à un état où il n'a
rien autant à craindre que l'eau. S'il étoit renversé sur l'eau, si elle touchoit son corcelet
ou son corps, c'en seroit fait de lui. Voici comment il se conduit dans une situation si délicate.
Dès qu'il a fait paroître sa tête et son corcelet,
il les élève autant qu'il peut au-dessus des bords
de l'ouverture qui leur a permis de paroître au
jour. Le cousin tire la partie postérieure de son
corps vers la même ouverture, ou plutôt cette
partie s'y pousse en se contractant un peu, et
s'alongeant ensuite; les rugosités de la dépouille
dont elle s'efforce de sortir, lui donnent des

appuis. Une plus longue portion du cousin paroît donc à découvert, et en même temps la tête s'est plus avancée vers le bout antérieur de la dépouille; mais à mesure qu'elle s'avance vers ce côté, elle se redresse, elle s'élève de plus en plus (1); le bout antérieur du fourreau et son bout postérieur se trouvent donc vuides. Le fourreau alors est devenu pour le cousin une espèce de bateau dans lequel l'eau n'entre point, et où il seroit bien dangereux qu'elle entrât; elle ne sçauroit trouver de passage pour arriver au bout postérieur, et les bords de la fente du bout antérieur ne sçauroient être submergés, que lorsque ce bout est considérablement enfoncé. Le cousin est lui-même le mât du petit bateau qui le porte. Les grands bateaux qui doivent passer sous des ponts, ont des mâts qu'on peut coucher; dès que le bateau est hors du pont, on hisse son mât, en le faisant passer successivement par différentes inclinaisons, on l'amène à être perpendiculaire au plan horizontal. Le cousin s'élève ainsi successivement jusqu'à de-

(1) Voir pl. 1, fig. 4.

venir lui-même le mât de son petit bateau, et
un mât posé verticalement. Toute la différence
qu'il y a ici, c'est que le cousin est un mât
qui devient plus long à mesure qu'il s'élève
davantage ; à mesure qu'il s'élève, une nouvelle
partie du corps sort du fourreau : quand il est
parvenu à être presque dans un plan vertical,
il ne reste plus dans le fourreau qu'une portion
assez courte de son bout postérieur. On a peine
à s'imaginer comment il a pu se mettre dans
une position si singulière, qui lui est absolument
nécessaire, et comment il peut s'y conserver.
Ni ses jambes ni ses ailes n'ont pu l'aider en
rien ; celles-ci sont encore trop molles, et comme
empaquetées, et les autres sont étendues et
couchées tout du long du ventre ; ses anneaux
seuls ont pu agir. Le devant du bateau est
beaucoup plus chargé que le reste, aussi a-t-il
beaucoup plus de volume. L'observateur qui
voit combien ce devant de bateau enfonce,
combien ses bords sont près de l'eau, oublie
dans l'instant que le cousin est un insecte auquel
il donnera volontiers la mort dans un autre

temps ; il devient inquiet pour son sort, et il le devient bientôt davantage, pour peu qu'il s'élève de vent, pour peu que ce vent agisse sur la surface de l'eau. On voit pourtant d'abord avec plaisir la petite agitation de l'air, qui suffit pour faire voguer le cousin avec vitesse ; il est porté de différens côtés, il fait différens tours dans le baquet. Quoiqu'il ne soit que comme une espèce de bâton ou de mât, parce que les ailes et les jambes sont appliquées contre le corps, il est peut-être, par rapport à son petit bateau, une voilure beaucoup plus grande qu'aucune de celles qu'on ose donner à un vaisseau. On ne peut s'empêcher de craindre que le petit bateau ne soit couché sur le côté ; ce qui arrive quelquefois dans des temps ordinaires, et très-souvent, lorsque les cousins se transforment dans des jours où le vent a trop de prise sur la surface de l'eau du baquet. Dès que le bateau a été renversé, dès que le cousin a été couché sur la surface de l'eau, il n'y a plus de ressource pour lui. J'ai vû quelquefois l'eau toute couverte de cousins qui, par cet accident, avoient péri en naissant. Il est pourtant plus ordinaire que le cousin parvienne à finir son opération heureusement, elle n'est pas de longue durée ; tout le danger peut être passé dans une minute.

» Le cousin, après s'être dressé perpendiculairement, tire ses deux premières jambes du fourreau, et il les porte en avant ; il tire ensuite les deux suivantes ; alors il ne cherche plus à conserver sa position gênante, il se penche vers l'eau, il s'en approche, il pose dessus ses jambes ; l'eau est pour elles un terrein assez ferme et assez solide, qui sans céder trop, peut les soutenir, quoique chargées du corps de l'insecte. Dés que le cousin est ainsi sur l'eau, il y est en sûreté, ses ailes achèvent de se déplier et de se sécher, ce qui est fait plus vite qu'on ne peut le dire ; enfin le cousin est en état d'en faire usage, et bientôt on le voit s'envoler, sur tout si on tente de le prendre. Je ne sçais s'il est arrivé à Swammerdam de saisir des cousins dans l'instant où ils se dégageoient du fourreau de nymphe ; ce qui m'en fait douter, c'est qu'il dit, qu'après avoir fait fendre leur fourreau, ils y laissent sécher leurs ailes ; il est pourtant vrai qu'aussitôt que le fourreau s'est fendu, le cousin en sort (1).

» Le cousin qui vient de naître a le corps blanchâtre, et le corcelet verdâtre ; mais ces couleurs prennent bientôt des nuances plus brunes. Il n'en est pas de même des couleurs des yeux, ceux qui doivent être verds, sont, comme ils seront par la suite, du plus beau verd ; vûs cependant dans certains sens, ils paroissent rouges ou rougeâtres. Dom Allou, qui a fait cette dernière remarque, en rend une très-bonne raison ; il dit que les mailles du rézeau sont rouges, et que chaque maille a au milieu une petite convexité, une petite cornée, qui est comme une petite émeraude. Quand nous voyons l'œil du cousin de face, ou en un certain

(1) Après la lecture de pareilles pages, notre admiration est partagée entre l'auteur de la nature qui a su, par sa toute-puissance, transmettre, de génération en génération, un instinct si remarquable à ces petits êtres, et l'immortel Réaumur qui nous donne, à chaque page, des preuves d'une sagacité et d'une patience sans exemple pour observer les plus petits faits qui se passent chez les insectes.

sens, ce sont les petites éméraudes, qui seules font impression sur nos yeux ; mais l'œil du cousin étant regardé obliquement, des rayons réfléchis par les mailles, sont en état de parvenir à nos yeux.

» On ne doit pas être bien aise d'apprendre que les cousins sont des insectes qui se multi-plient prodigieusement ; car nous ne sçavons pas assez ce que nous gagnons à leur multiplication, et nous sçavons combien elle nous est incom-mode. Outre qu'ils sont féconds, il y en a plu-sieurs générations dans une année ; s'il ne faut à chaque génération qu'environ trois semaines, ou un mois, pour être en état de donner naissance à une nouvelle génération, il y a de quoi être effrayé du nombre des cousins qui doivent être produits par an. Quand la première génération ne seroit en état d'en donner une seconde que vers la fin de mai, et quand la dernière géné-ration seroit celle de la fin d'octobre, il y auroit au moins six à sept générations par an ; or chaque femelle donne naissance à deux cent cinquante, ou à trois cents, ou même à trois cent cinquante cousins. Mais heureusement ils sont destinés à nourrir beaucoup d'autres animaux ; les oiseaux ne les épargnent pas, et ce n'est peut-être que lorsqu'ils commencent à devenir trop rares, que les hirondelles nous quittent.

» Ce qu'il y a de certain, c'est que peu de jours après que l'on a vû les nymphes d'un baquet se transformer en cousins, on peut voir dans le même baquet, une semence propre à remplacer avec usure, les insectes qui en sont sortis. Qu'on regarde avec quelque attention la surface de l'eau de ce baquet, et on y verra nager les œufs que les femelles y ont laissés. Ceux qui ont été pondus par chaque femelle, sont tous réunis dans un petit tas ; ce petit tas d'œufs sera vû assurément avec plaisir. Ils forment ensemble un petit radeau ; ou, pour ne point rejeter une comparaison convenable, précisément parce que nous l'avons déjà employée, ils forment ensemble un petit bateau, mais un bateau d'une toute autre structure que celui qui soutenoit le cousin lorsqu'il a paru au jour. Celui que nous voulons faire connoître (1) n'a point de mât, il a de commun avec les bateaux ordinaires, d'avoir ses deux bouts pointus, et d'en avoir un des deux qui l'est moins que l'autre, et de les avoir un peu plus relevés que le reste ; mais c'est un bateau auquel il ne faut pas chercher de bords. Les œufs de l'assemblage desquels il est formé, ont chacun la forme d'une quille ; ces quilles sont posées le gros bout en bas, les unes contre les autres, leurs pointes sont à la surface supérieure du bateau (2), qui est toute hérissée (3).

(1) Voir pl. I, fig. 4. — (2) *Idem*, fig. 4.

(3) Nous ne pouvons résister au désir que nous avons de nous arrêter un instant sur ce fait d'histoire naturelle, car seul, il suffirait pour nous donner la plus haute idée de l'auteur de toutes choses. Résumons, le plus brièvement qu'il nous sera possible, tout ce qui concourt à la construction de ces jolis petits bateaux :

Trois cents à trois cent cinquante œufs, munis chacun d'une espèce de bouchon pour faciliter la sortie de l'insecte ; ces œufs disposés, par la femelle du cousin, avec un tel ordre, que l'on pourrait croire qu'elle connaît, théoriquement, la meilleure forme à donner à un bateau pour qu'il puisse voguer avec facilité sur l'eau ; une espèce de colle insoluble dans l'eau (ce qui était indispensable), donnée à la femelle exprès pour maintenir ses œufs les

» Ce petit bateau paroît avoir été inconnu à plusieurs auteurs qui ont donné des observations sur les cousins, comme à Hook, à Leeuwenhock, à Blankard et à Swammerdam, etc. Ce dernier même, et quelques autres, parlent des cousins comme s'ils laissoient leurs œufs dispersés un à un sur la surface de l'eau. M. Pierre Paul Sangallo a pourtant fort bien décrit la forme de ce bateau, dans une lettre adressée à M. Redi, et imprimée à Florence en 1679, dont le P. Bonanni a donné un extrait dans le sixième chapitre de sa Micrographie curieuse. M. Barth a aussi très-bien observé ce petit bateau. Mais personne ne l'a mieux vû que Dom Allou, qui a même pris soin de le dessiner. Je ne connois néanmoins

uns contre les autres perpendiculairement ; l'instinct accordé à la mère qui sait, sans doute, que ses œufs, pour réussir, ne doivent être immergés qu'à l'un de leurs bouts, et qui n'ignore pas que c'est par ce bout que ses petits sortiront ; puisqu'elle a toujours le soin de les placer les ouvertures en bas, afin qu'ils tombent dans l'eau tout naturellement. Ah! nous en faisons l'aveu sincère, toutes les fois que nous avons lu les faits qui se rattachent à la ponte du cousin, nous avons toujours été rempli d'une nouvelle admiration pour l'auteur de ces merveilles.

aucun ouvrage où on l'ait fait graver, et où l'on ait bien décrit la forme de chacun des œufs, de l'assemblage desquels le bateau est composé. Chaque œuf peut être détaché assez aisément de ceux contre lesquels il est appliqué, et légèrement collé. Quand on considère avec un microscope, ou avec une loupe forte, celui qu'on a séparé des autres, on reconnoît que sa forme n'est pas précisément celle d'une quille, son gros bout (1) s'arrondit, et vient brusquement se terminer par un col court, semblable à celui qu'ont certains flacons à liqueur. Le bout de cette espèce de col, est rebordé, et semble avoir un bouchon. Le col de chacun des petits œufs entre dans l'eau, au-dessus de laquelle le bateau flotte, car il est à remarquer que le bateau doit flotter sur l'eau ; si les œufs étoient submergés, les vers n'écloroient pas. L'insecte qui est dans l'œuf est entouré de la liqueur propre à l'œuf, et quand il se dégagera de celle-ci, il trouvera l'eau toute prête à l'entourer de toutes parts.

(1) Voir pl. 1, fig. 5.

» Les œufs qui ne viennent que d'être pondus, sont tout blancs ; peu-à-peu ils prennent des nuances de verd, au bout de quelques heures ils sont verdâtres ; mais ils deviennent ensuite grisâtres, et ils le sont en moins d'une demi-journée. Rien n'a plus excité ma curiosité, dans l'histoire du cousin, que le joli arrangement de ces œufs, qui forment ensemble un petit bateau. Inutilement ai-je cherché à m'instruire sur la manière dont cet insecte parvient à les arranger si bien, et à en faire une masse qui flotte sur l'eau ; inutilement, dis-je, l'ai-je cherché dans les auteurs à qui ce petit bateau n'a pas été inconnu. Dom Allou est le seul qui m'ait paru avoir observé le cousin dans la ponte ; mais je souhaitois voir moi-même tout ce qu'il avoit vû, et quelque chose de plus. Il n'y avoit pas à douter que le cousin ne fît sortir ses œufs les uns après les autres : or comment peut-il parvenir à placer un œuf fait en quille, sur la surface de l'eau ? Comment peut-il venir à bout de l'y faire tenir droit, de l'empêcher de s'y coucher ? Si l'œuf s'y couche, comment le cousin

5*

parviendra-t-il à le redresser? Il me paroissoit qu'il devoit y avoir en tout cela bien de l'indus- trie, et quelque méchanique qui méritoit d'être vûe; aussi ai-je fait tout ce qui a dépendu de moi, pour surprendre quelque cousin dans le temps de sa ponte. Quelquefois lorsque j'allois observer l'eau de mes baquets, j'y trouvois des bateaux d'œufs encore tout blancs, qui me fai- soient regretter de n'avoir pas été visiter les baquets plus tôt. Ce furent pourtant ces mêmes bateaux encore blancs, qui m'apprirent qu'il y avoit pour cette observation, une heure favorable que je n'avois point connue; c'étoit sur tout à midi ou quelques heures soit auparavant, soit après, ou même sur le soir, que j'avois d'abord cherché à voir pondre des cousins. Des masses d'œufs encore blancs ou blanchâtres, que je trouvai à neuf heures du matin, m'avertirent qu'il falloit m'y prendre de meilleure heure. Vers la fin de mai je laissai le travail du cabinet dès six heures du matin, pour aller observer les cousins; la liqueur du thermomètre étoit à $13° \frac{1}{4}$. Je ne manquai pas de trouver sur l'eau des cousins occupés à l'opération dans laquelle je les voulois, et cela pendant trois ou quatre jours de suite, c'est-à-dire, jusqu'à ce que ma curiosité eût été pleinement satisfaite ; car je ne vis pas tout ce que j'avois besoin de voir, dès le premier jour. Ce jour-là, en arrivant, je commençai par voir plus de trente paquets d'œufs qui venoient d'être pondus ; mais heureusement je remarquai un cousin dont la ponte n'étoit pas encore finie. Ce cousin avoit ses quatre jambes antérieures cramponnées sur un fragment de feuille (1) placé contre les bords du baquet, son corps étoit en dehors de cette feuille, et son pénultième anneau touchoit l'eau. Un paquet d'œufs qui étoit posé auprès de son derrière, et qui n'avoit pas encore le volume des paquets ordinaires, m'apprit que la ponte étoit avancée, mais qu'elle n'étoit pas encore finie. Le cousin occupé de son importante opération, ne fut point troublé par ma présence ; il me permit même de m'approcher assez près de lui pour le considérer avec une forte loupe.

(1) Voir pl. I, fig. 5.

Bientôt je sçus comment il parvenoit à poser
ses œufs perpendiculairement à la surface de
l'eau, et comment il parvenoit à les arranger.
C'est son derrière qui fait tout, par rapport à
l'un et à l'autre article. Nous avons dit que
le pénultième anneau du corps touchoit l'eau,
et nous devons dire à présent que le dernier
anneau, celui où est l'anus, formoit, avec le
reste du corps, une espèce de crochet, pour
s'élever un peu au-dessus de la surface de l'eau.
Du derrière ainsi contourné, je vis bientôt sortir
un œuf; je vis qu'il sortoit dans une direction
différente de celle dans laquelle sortent ordinairement les œufs des autres insectes; ceux-ci
sont poussés horizontalement, ou même en bas,
et celui-là étoit poussé en haut, dans une
direction verticale. Cet œuf sortoit ainsi tout
près de la nichée des œufs déjà mis au jour.
Dès qu'il étoit entièrement, ou presque entièrement sorti, le cousin n'avoit qu'à l'appliquer
contre ceux du petit bateau, dont il étoit le
plus proche, car cet œuf, comme ceux de
presque tous les insectes, étoit sans doute enduit

d'une matière gluante, propre à le coller aux corps contre lesquels il seroit appliqué.

» De pondre un œuf et de le mettre en place, est pour le cousin l'affaire d'un instant, et dès qu'il en a pondu un, il en fait sortir un autre de son corps. Le cousin que j'observois fit ainsi, sans interruption, plus de trente œufs en moins de deux minutes ; soit que sa ponte fût alors finie, soit qu'enfin il eût été inquiété par ma présence, il s'envola et laissa sur l'eau le petit bateau flottant, mais dont le contour n'étoit pas aussi régulier que l'est celui de la plupart des autres bateaux d'œufs. J'eus beau chercher alors, je ne pus trouver aucun autre cousin occupé à pondre. Cependant je n'avois pas vû encore tout ce qui est essentiel à cette opération ; j'avois été assez instruit de la manière dont le cousin parvient à poser chaque œuf perpendiculairement à la surface de l'eau, et à l'attacher contre la masse composée des œufs déjà sortis ; mais il restoit à sçavoir comment il pouvoit soutenir cette masse sur l'eau, lorsqu'elle a encore trop peu de base par rapport à sa hauteur, comment

il parvenoit à y soutenir le premier œuf, ou
un assemblage seulement de deux ou trois œufs.
Des cousins que j'allai observer les jours suivans
dès les six heures du matin, ou plus tôt, me
donnèrent sur tout cela des éclaircissemens
complets; j'en trouvai d'occupés à pondre, j'en
trouvai dont la ponte étoit très-avancée, et
d'autres dont elle l'étoit très-peu. Ces derniers
m'instruisirent suffisamment sur ce qui se passe
dans l'instant où les premiers œufs sont mis au
jour, ce qui est un instant très-difficile à saisir.
Entre les cousins que j'observai dans cette opération, qui leur attiroit mes regards, j'en vis
plusieurs qui avoient leur quatre premières jambes cramponnées contre les parois du baquet,
et d'autres qui, comme le premier dont j'ai
parlé, s'étoient posés sur un fragment de feuille
flottant; le corps des uns et des autres étoit
étendu sur la surface de l'eau, et la touchoit
seulement par une portion de son pénultième
anneau. Mais ce qui étoit plus essentiel à remarquer, c'étoit la position des deux dernières et
plus longues jambes, ou plutôt les positions;

car j'en observai deux différentes. Les cousins dont la ponte étoit presque finie, dont le petit bateau étoit presque achevé, avoient ces deux longues jambes étendues, et presque parallèles l'une à l'autre (1). Le bout de chacune étoit étendu à la surface de l'eau, et même un peu élevé au-dessus ; mais elles étoient toutes deux un peu enfoncées dans l'eau auprès du derrière, elles étoient forcées à l'être par un poids ; ce poids étoit celui du petit bateau : ce petit bateau étoit, pour ainsi dire, sur le chantier, il n'étoit point abandonné à l'eau ; les deux jambes, comme deux longues poutres, le soutenoient à la surface de l'eau, ou au-dessus ; le cousin soutient ainsi ce bateau tant qu'il a des œufs à lui ajouter, il ne le met à flot que lorsqu'il ne lui en manque aucun.

» Les cousins dont la ponte étoit encore peu avancée, dont le bateau n'avoit pas encore la moitié de sa longueur, me firent voir leurs jambes dans une position différente de celle dont nous venons de parler ; les jambes se croisoient l'une

(1) Voir pl. I, fig. 5.

l'autre, elles formoient un **X**; et l'endroit où elles se croisoient, étoit d'autant plus près de l'anus, que l'assemblage d'œufs étoit plus petit, ou que la portion de bateau étoit plus courte; l'angle intérieur que faisoient les jambes, soutenoit cette petite masse d'œufs. De là il est aisé d'imaginer que lorsque le cousin fait son premier œuf, les jambes sont croisées très-près du derrière, et à portée de soutenir cet œuf; qu'elles soutiennent de même les œufs qui sont successivement collés contre celui-ci; qu'à mesure que la masse d'œufs s'alonge, l'endroit où les jambes se croisent, devient plus éloigné du derrière, et qu'enfin les deux jambes se posent parallèlement l'une à l'autre, quand le bateau est à moitié, ou plus d'à moitié fait; et qu'ainsi, depuis que le premier œuf est pondu, jusqu'à ce qu'ils le soient tous, ils sont toujours soutenus. Ce n'est que quand la ponte est finie, que le cousin abandonne le petit bateau, qui est en état de voguer sans risque.

» Si l'on met un de ces petits bateaux dans un verre plein d'eau, au bout de deux jours, tantôt plus tôt, tantôt plus tard, on verra nager dans cette eau quantité de petits insectes, qui, examinés à la loupe, seront aisés à reconnoître pour des vers de cousins ; rien ne leur manquera, par rapport à la figure. C'est par le bout inférieur de l'œuf que chaque ver en sort ; dès qu'il est né, il se trouve dans l'eau où il doit croître. Chaque nichée est composée d'environ deux cent cinquante, ou de trois cents, ou même de trois cent cinquante œufs, qui ordinairement donnent chacun un ver. Les bateaux composés de coques vides restent sur l'eau, et ce n'est qu'avec le temps qu'ils sont détruits.

» Ces œufs, comme ceux des autres insectes, ont sans doute été fécondés pendant qu'ils étoient dans le corps de la femelle. On distingue les cousins qui font des œufs, ou les femelles, de ceux qui n'en font point, et qui doivent être les mâles : cependant il ne m'est jamais arrivé de trouver deux cousins accouplés, et aucun des auteurs qui ont examiné les cousins avec attention, ne dit avoir vû leur accouplement (1).

(1) Le baron de Géer, qui a si bien mérité le surnom

Quel temps, quels lieux choisissent-ils pour se joindre ensemble? Leurs accouplemens ne se feroient-ils que la nuit, ou se feroient-ils dans l'air, comme je sçais que s'y font ceux de quelques autres insectes? il faudroit qu'ils se fissent assez haut dans l'air, pour qu'on n'y apperçût pas de jour, deux cousins qui seroient joints ensemble; mais ils volent volontiers pendant la nuit, et si c'est pendant la nuit qu'ils s'accouplent, et dans l'air, on pourra être encore longtemps, avant que d'en surprendre d'accouplés.

» Le corps du mâle est plus alongé que celui de la femelle; il est plus effilé, et terminé par

de Réaumur suédois, a été plus heureux que le naturaliste français. Il a remarqué que les mâles des cousins s'assemblent et volent continuellement de côté et d'autre sans s'éloigner, ce qu'ils font ordinairement le soir, vers le coucher du soleil; alors les femelles se rendent auprès d'eux; dès qu'un mâle en voit une, il s'en approche, se joint à elle à l'instant, s'y accroche à l'aide de crochets destinés spécialement à cet usage; ensuite il se laisse entraîner en l'air, où on les voit voler ensemble attachés par le derrière; leur accouplement dure rarement plus d'une minute, puis ils s'envolent chacun de leur côté.

deux grands et forts crochets, qui ensemble forment une pince recourbée vers le ventre : en pressant les derniers anneaux, on force aisément ces crochets à s'écarter l'un de l'autre, et l'anus à sortir du corps. Vers l'endroit d'où il sort, on peut voir du côté du ventre deux nouveaux crochets bruns, et très-petits ; et on en peut voir deux autres de même couleur, et à-peu-près de même figure, semblablement placés du côté du dos. Voilà les instrumens que la nature a coutume de donner aux mâles des insectes, pour saisir le derrière de la femelle. Celui de la femelle du cousin n'a point de pareils crochets ; mais il a deux petites palettes qui peuvent s'appliquer l'une contre l'autre : beaucoup d'autres mouches femelles, et les papillons femelles entre autres, en ont de semblables ; ces papillons s'en servent avec bien de l'adresse pour s'arracher leurs poils, et pour en couvrir leurs œufs. Le cousin qui fait sa ponte, fait apparemment aussi quelqu'usage de ces deux palettes, au moins pour maintenir l'œuf qui sort. »

HISTOIRE DES ABEILLES

(ABEILLE DOMESTIQUE, vulgairement MOUCHE A MIEL,
APIS MELLIFICA, Linnée)

ORDRE DES HYMÉNOPTÈRES,

FAMILLE DES MELLIFÈRES.

His quidam signis, atque hæc exempla secuti,
Esse apibus partem divinæ mentis et haustus
Ǣtherios dixere :

VIRGIL., Georg., lib. IV.

Frappés de ces grands traits, des sages ont pensé
Qu'un céleste rayon dans leur sein fut versé.

DELILLE, Georg., liv. IV.

En donnant aux vers-à-soie l'organisation la plus merveilleuse, et, aux abeilles l'intelligence la plus développée, il semble que le sublime auteur ait voulu attirer, plus particulièrement, l'attention de l'homme sur ces précieux insectes, afin qu'il se livre avec plus de persévérance à l'étude de leurs mœurs, de leur organisation, et que, par suite d'une étude approfondie, il acquière les connaissances nécessaires pour tirer le meilleur parti possible de leurs riches pro-duits. Si telle a été l'intention de la nature, il faut convenir que l'homme a bien su la remplir; car, de tous temps, on a vu des savants se livrer à de sérieux travaux pour dévoiler les mystères les plus cachés de l'histoire de ces insectes. Nos lecteurs n'ont pas oublié les belles découvertes que Lyonet surtout fit, en scrutant avec une constance sans exemple les organes des chenilles et des vers-à-soie. Maintenant nous allons faire connaître les curieuses observations que Réaumur consigna dans ses Mémoires sur les Abeilles : ce naturaliste philosophe est encore le premier (1) qui nous ait donné

(1) Deux hommes célèbres, Swammerdam, anatomiste distingué, et Maraldy, astronome, avaient, avant Réau-mur, publié de nombreuses observations sur les abeilles ; mais ces deux savants se sont contentés de les examine· en physiciens.

6*

une histoire presque complète de ces précieux hyménoptères.

Neuf mémoires très-étendus, accompagnés d'un assez grand nombre de figures, suffirent à peine pour rendre compte de toutes les recherches qu'il fit ; mais il pressentit que les détails, dans lesquels il fut obligé d'entrer, seraient un peu trop longs pour certains lecteurs qui ne peuvent pas consacrer tout leur temps à l'étude de l'Histoire naturelle. C'est dans cette prévision qu'il joignit à ces Mémoires une analyse exacte des principales observations qu'ils renferment, et c'est ce précieux travail que nous allons reproduire. Comme il était impossible à notre célèbre Réaumur, malgré toute son aptitude à scruter les mystères les plus secrets de l'organisation et des mœurs des insectes, de découvrir toutes les merveilles qu'une histoire approfondie de ces petits êtres peut seule faire connaître, nous avons joint à son intéressante analyse quelques réflexions et des notes qui initieront nos lecteurs aux découvertes les plus importantes, faites depuis l'époque à laquelle Réaumur écrivit. Nous aurons recours pour ces notes aux travaux de Huber (1), entomologiste distingué, qui, aidé par les ruches en feuillets et les ruches plates de son invention, compléta, pour ainsi dire, l'Histoire naturelle des abeilles ; et, afin de mettre en relief tout ce qu'il y a de plus curieux à observer sur ces insectes, nous avons joint à nos figures des expli-

(1) Huber (François) naturaliste, naquit à Genève le 2 juillet 1750. Le goût de l'Histoire naturelle semble inné dans cette famille, où trois générations de suite se sont distinguées par des travaux qui ont produit des découvertes précieuses. Frappé de cécité, ce que cet homme ingénieux ne pouvait voir lui-même, il résolut de le faire observer par un autre. Pour atteindre ce but, il dirigeait l'attention et les recherches de son collaborateur ; ensuite il les appréciait et les coordonnait ; cet autre lui-même était un nommé Burnens, son domestique, il en fit son secrétaire et son ami ; ce domestique laborieux et intelligent devint plus tard un des magistrats de Genève.

cations assez étendues. Maintenant que nos lecteurs peuvent comprendre quelle marche nous avons suivie, et qu'ils sont, par conséquent, en position de lire avec plus d'intérêt l'histoire de nos abeilles, nous allons laisser parler Réaumur :

« Le gouvernement des abeilles a été proposé comme le parfait modèle d'un gouvernement monarchique. Nous cherchons dans le premier Mémoire de leur histoire, en quoi il consiste, quels en sont les principes. Nous nous y trouvons obligés de reconnoître que les abeilles se conduisent par rapport au bien de leur société, comme si l'unique motif de leurs actions étoit celui qui fait agir les plus grands hommes et les plus vertueux ; elles ne semblent travailler que pour leur postérité ; leurs avantages particuliers ne paroissent entrer pour rien dans tout ce qu'elles font. Après avoir décrit les formes des ruches les plus favorables pour observer ce qui se passe dans leur intérieur, nous nous contentons de dire ce que nous remettons à prouver dans d'autres Mémoires, que, dans chaque ruche, il y a, en certains temps de l'année, trois sortes de mouches, et dans les autres temps, seulement deux sortes ; des abeilles sans sexe, ou, qui ne contribuent en rien à la génération, des abeilles mâles, et enfin des abeilles femelles. Les premières sont celles que tout le monde connoît ; leur nombre est sans comparaison plus grand que celui des autres ; elles sont uniquement nées pour le travail ; tout celui de la ruche roule sur elles, aussi les nommons-nous les ouvrières. Ce n'est ordinairement que pendant un ou deux mois qu'on peut voir des mâles dans une ruche, dans celle qui en est le plus peuplée, il n'y en a pas autant de centaines qu'il y a de milliers d'ouvrières ; ils sont plus gros que celles-ci. Pendant le cours de chaque année, si on en excepte peu de jours, on ne peut trouver dans chaque ruche qu'une seule femelle, mais qui est capable de multiplier son petit peuple, au point que l'habitation où il est, ne suffise plus pour le contenir. Sa fécondité est prodigieuse. Telle femelle peut,

dans un an, devenir mère de trente à quarante
mille mouches, et peut-être de beaucoup plus.
C'est à elle seule que doivent le jour toutes
les ouvrières, les mâles et le petit nombre de
femelles qui naissent par la suite dans la ruche.
Cette mère reste presque toujours dans l'intérieur du logement; elle est aisée à reconnoître
quand elle se montre, sur tout par la longueur
de son corps (1); elle est plus longue que les
mâles, quoiqu'elle soit moins grosse; d'ailleurs
ses ailes sont courtes en comparaison de celles
des mâles et de celles des ouvrières. C'est cette
mère que les anciens ont appelée le roi des
abeilles, et qui est digne d'en être nommée
la reine. On ne nous en a pas imposé quand
on nous a parlé du respect que les autres
mouches semblent avoir pour elle. Nous prouvons, par un très-grand nombre d'expériences
et d'observations sûres, que les abeilles ordinaires font plus que la respecter, qu'elles cherchent continuellement à lui être utiles, à lui
rendre les meilleurs offices; que sans cesse

(1) Voir pl. V, fig. 2.

elles lui offrent du miel, elles la léchent, elles la brossent ; que quelque part où elle aille, quelques-unes lui font cortége ; enfin que la vie de toutes leurs compagnes n'est rien pour elles, en comparaison de celle de la mère. Elle semble être l'âme de toutes leurs actions. On verra que lorsque j'ai partagé un essaim en deux ruches, les mouches de l'une où elles étoient en plus grand nombre, mais sans mère, n'ont pas daigné faire le moindre travail ; à peine ont-elles songé à vivre au jour le jour ; elles se sont laissé périr, pendant que celles qui étoient dans une autre ruche avec la mère, y ont travaillé, quoiqu'elles y fussent en très-petit nombre. Enfin je prouve, par des expériences incontestables, que, dès qu'on a ôté la reine à des abeilles qui s'occupoient sans relâche du matin au soir à faire des récoltes de cire et de miel, elles ne semblent plus savoir que les plantes leur offrent des richesses nécessaires. A peine sortent-elles de leur ruche, et elles y retournent sans y rien apporter. Tout travail cesse dans l'intérieur, on n'y construit

pas une seule cellule de cire, on n'y achève
aucune de celles qui étoient commencées. Qu'on
redonne une mère à des abeilles tombées dans
une inaction complète pour avoir été privées
de la leur, dans le moment on leur rend l'activité et l'ardeur pour l'ouvrage ; les travaux
de toutes espèces sont repris. Les abeilles sont
non-seulement laborieuses quand elles ont parmi
elles une mère féconde, elles le sont proportionnellement à sa fécondité. Quoiqu'elles ne
contribuent en rien à la génération, quoiqu'elles
ne soient destinées qu'à être les nourrices des
vers qui éclosent des œufs pondus par la reine,
l'Auteur de la Nature a voulu qu'elles s'inté-
ressassent pour ces vers qui, avec le temps,
doivent devenir des abeilles, autant que si elles
en étoient les véritables mères. C'est la seule
espérance de voir naître beaucoup d'abeilles qui
les détermine à multiplier le nombre des gâteaux
de cire, et à y mettre des provisions de miel.
Dès que cette espérance leur est ôtée, dès que
leurs travaux ne peuvent être utiles à leur
postérité, le soin de leur propre vie ne les

touche plus, elles se mettent en risque évident de périr de faim ; elles ne ramassent plus de miel, quand celui qu'elles recueilleroient ne serviroit qu'à les faire vivre.

» Nous nous arrêtons d'abord dans le deuxième Mémoire, à considérer les parties extérieures des abeilles, dont la plupart peuvent être regardées comme des instruments, qu'il est essentiel de connoître pour entendre comment elles viennent à bout de faire leurs récoltes, et d'exécuter des ouvrages si singuliers. Elles sont de la classe des mouches, qui ont une trompe et des dents. La structure de leur trompe est différente de celle de tant d'autres dont nous avons parlé ailleurs. Pour expliquer tout l'art avec lequel elle est faite, il a fallu nous engager dans une assez longue description, et être aidé par les figures. Nous nous contenterons de dire que l'abeille la tient ordinairement pliée en deux et comme roulée ; mais que, quand elle veut, elle la déplie et l'alonge (1). C'est avec sa trompe qu'elle enlève aux

(1) Voir pl. V, fig. 4.

fleurs une liqueur miellée que la Nature a mise en réserve dans certaines glandes connues à présent par les botanistes, mais qui l'ont été de tout temps par nos mouches. Nous prouvons que cette trompe n'agit point à la manière des pompes, comme il étoit naturel de penser qu'elle agissoit, et comme on l'a fait agir jusqu'ici (1); qu'elle est une espèce de langue velue et très-longue, qui, en léchant, se charge d'une liqueur qu'elle sait conduire jusques à une bouche qu'il étoit très-important de connoître. Les dents sont les outils avec lesquels elles façonnent la cire: leur forme mérite d'être examinée. Nous ne discutons pas encore dans ce Mémoire si les

(1) Swammerdam a cru, et Réaumur même, pendant un certain temps, que l'extrémité de la trompe des abeilles était percée d'un trou par lequel les liqueurs sucrées pouvaient être aspirées; ces deux savants considéraient alors cette trompe comme une espèce de corps de pompe renfermant des pistons ou quelques parties analogues propres à faire l'aspiration. Pour bien comprendre les courtes explications que donne ici Réaumur sur la manière d'agir. de cet admirable organe, nous engageons le lecteur à avoir recours à celles qui se trouvent à la fin du volume, et à la figure 5 de la planche V.

abeilles trouvent la cire toute faite à la campagne, si elles n'ont qu'à la séparer des corps
étrangers avec lesquels elle est mêlée, ou si
elles ont de plus importantes préparations à
donner à cette matière qui doit fournir la cire,
et que nous nommons matière à cire, ou cire
brute; mais nous y faisons voir que c'est sur les
plantes, et seulement sur les fleurs des plantes,
que les abeilles la ramassent. Sans avoir étudié
la structure des fleurs, on a vû cent et cent
fois dans celle d'un lys, des filets jaunes, dans
celle d'une tulipe, des filets bruns; et on sait
que les premiers laissent sur les doigts une
poudre jaune, et les autres une poudre brune.
En langage de botaniste, ces filets sont des
étamines, et leurs poudres, les poussières des
étamines. Chaque grain de ces poussières a une
figure constante dans chaque espèce de plante.
Ce sont souvent des boules quelquefois bien
sphériques, et quelquefois plus ou moins alongées. Ces poussières sont précieuses pour les
abeilles, et elles le sont pour nous, puisqu'elles
sont la matière à cire, la cire brute; elles sont

l'objet d'une des deux grandes récoltes que ces mouches ont à faire. Une abeille, qui est sortie de sa ruche pour aller en ramasser, entre dans la fleur dont les étamines lui ont paru le plus chargées de ces poussières, et de poussières qui y tiennent moins. Nous n'avons pas dit encore que sa partie antérieure, son corcelet, ses jambes et plusieurs endroits de son corps, sont chargés de poils dont la plupart ont une forme qui mérite d'être vue au microscope. Chaque poil ressemble à une tige de plante à qui des feuilles sont attachées de deux côtés opposés, du haut en bas. Une portion d'une écaille de la mouche, garnie de poils, semble au microscope un gazon bien fourni de jolies mousses. Ces poils sont pour les abeilles, ce que les toisons sont pour ceux qui ramassent les paillettes d'or des rivières. L'abeille devient bientôt toute poudrée d'une poudre jaune ou blanchâtre, ou d'une poudre d'une autre couleur, c'est-à-dire, de celle des poussières des étamines de la fleur dans laquelle elle s'est promenée. Les poils branchus arrêtent les poussières. La mouche se sait couverte de cette poudre, et sait la ramasser. La pénultième partie de chacune de ses jambes est faite en brosse (1). Elle passe sur son corps les unes ou les autres de ces brosses, et toutes ordinairement les unes après les autres. Les brosses retiennent un peu humides les poussières qu'elles ont enlevées, l'abeille les rassemble ensuite, les réunit en deux petits tas. La Nature, ou plutôt son Auteur, qui a pourvu à tout, a ménagé une cavité dans la face extérieure de la troisième des parties de chaque jambe de la dernière paire (2). Cette cavité est bordée de gros poils, au moyen desquels elle est une espèce de corbeille propre à conserver ce qui lui est confié (3). C'est dans

(1) V. pl. V, fig. 11.   (2) *Idem*, fig. 12.

(3) Voici encore un de ces exemples si nombreux qui prouvent, sans réplique, que lorsque l'auteur de la nature a destiné un animal à remplir certaines fonctions pour concourir à l'ordre des choses établies, il a su lui donner les parties qui lui étaient nécessaires. En examinant au microscope les poils des abeilles, si bien organisés pour enlever le pollen des étamines ; les brosses qu'elles portent aux jambes pour ramasser ce pollen ; enfin, ces admirables petites corbeilles entourées de gros

cette cavité que les jambes de la seconde paire portent les poussières des étamines, qu'elles y en font un petit tas, une masse solide, en les pressant les unes contre les autres. L'abeille passe d'une fleur à une autre pour y continuer sa récolte, pour grossir les deux petits amas de cire brute ; elle parvient à rendre celui de chacune de ses deux jambes égal à un grain de poivre, et d'une figure un peu plus applatie. Assez chargée de ces deux petites pelotes, elle part alors et les porte à la ruche. Pour faire sa récolte, il ne lui suffit pas toujours de se

poils disposés de manière à conserver la précieuse récolte qui leur a été confiée, qui pourrait douter que ces industrieux insectes eussent eu pour mission de produire le miel ?

Ce curieux rapprochement d'organes invariables dans leur forme, et si bien coordonnés pour arriver au même but, n'aurait-il pas dû arrêter le célèbre Lamarck qui , à l'instar de quelques écoles philosophiques, soutint qu'un besoin peut engendrer des organes, et admit non-seulement des générations spontanées, et modifiables par le seul effet des lois de la nature ; mais supposa encore que ces modifications pouvaient n'avoir pas de termes, et que la plus simple organisation donnée suffisait pour expliquer ainsi la production de toutes les autres ?

promener de fleur en fleur. Les poussières des étamines ne sont pas toujours prêtes à tomber. Avant que d'être, pour ainsi dire, à maturité, elles sont renfermées dans des espèces de capsules appellées sommets, et elles ne paroissent au jour que quand ces capsules s'ouvrent. L'abeille n'ignore pas que la matière dont elle a besoin, est renfermée dans ces petites boîtes, elle saisit donc entre ses dents successivement plusieurs de ces capsules ; quand celle qu'elle tâte lui paroît propre à être entr'ouverte, elle la presse et l'oblige à laisser paroître ses poussières ; les deux premières jambes viennent les prendre, elles les donnent aux deux suivantes qui les portent aux deux dernières.

» Pour continuer d'examiner les parties qui paroissent à l'extérieur des abeilles, ou au moins en certains temps, nous faisons connoître, dans le troisième Mémoire, l'appareil avec lequel a été fait cet aiguillon redoutable dont elles sont armées. Ce qu'on appelle vulgairement l'aiguillon (1), est une pointe écailleuse extrê-

(1) L'aiguillon des abeilles étant un organe très-im-

mement fine, et qui cependant n'est que l'étui de deux aiguillons, de deux dards beaucoup plus fins. L'un et l'autre sont dentelés sur leur côté extérieur, et près de leur pointe. Les blessures faites par deux armes si déliées, seroient peu à craindre pour nous ; mais l'abeille les empoisonne et les rend par là très-doulou—reuses. Dans son intérieur, près de la base de l'aiguillon, elle a une vessie pleine d'une liqueur très-transparente, mais caustique. Une goutte-lette de cette liqueur, quelque petite qu'elle soit, fait naître de la chaleur sur l'endroit de la langue où elle a été appliquée. Quand, pour mieux éprouver l'effet de cette liqueur, je me suis fait deux piqûres légères avec la pointe d'une petite épingle, j'ai rendu très-cuisante celle de ces blessures dans laquelle j'ai introduit un peu de la liqueur vénimeuse de l'abeille. Un

portant à connaître, nous avons ajouté aux détails donnés ici par Réaumur quelques éclaircissements qui aideront à bien concevoir tout le mécanisme de cette arme redou-table. Voir pl. V, fig. 9 et 10, et les explications qui se trouvent à la fin du volume.

canal la porte dans l'étui des dards, au bout
duquel on en voit paroître des gouttes successivement toutes les fois qu'on tient une abeille
gênée entre ses doigts ; elle fait alors des tentatives inutiles pour piquer, et, comme si elle
piquoit, elle oblige de la liqueur vénimeuse à
sortir. Nous aimerions mieux assurément que
les abeilles fussent dépourvues de cette arme ;
mais elle leur étoit nécessaire. Les fruits de
leurs travaux, leur cire et leur miel, excitent
les désirs de beaucoup d'insectes avides et
paresseux, contre lesquels elles ont à les défendre. Elles ont à se défendre elles-mêmes
contre d'autres insectes voraces qui les mangent
plus volontiers que leur cire et leur miel. Enfin
il vient un temps où elles nous doivent paroître
extrêmement barbares, où, du matin au soir,
elles ne s'occupent chez elles que de carnage ;
et c'est dans ce temps surtout, que leur aiguillon
leur est nécessaire. Les mâles sont inutiles, et
même nuisibles dans la ruche après un certain
temps, après que la mère a été fécondée. Les
ouvrières, qui avoient été leurs nourrices lors-

qu'ils avoient la forme de ver, qui, depuis leur dernière transformation, avoient vécu avec eux en parfaite intelligence, leur déclarent la plus cruelle guerre, lorsqu'ils ne feroient que consumer les provisions de la ruche sans y être bons à rien ; elles les massacrent ; au bout de deux ou trois jours, il y en a quelquefois plus de mille de tués, et il n'en reste pas un seul dans la ruche. Les raisons que les abeilles ouvrières pourroient alléguer pour leur justification, nous sont peu connues ; nous ignorons sur quels titres est fondé leur droit de vie et de mort sur les mâles ; il leur a été accordé par la Nature qui les a mises en état de l'exercer. Les faux-bourdons ou mâles sont plus gros que les abeilles, mais il n'ont pas été armés d'un aiguillon ; celui qu'ont les abeilles ordinaires leur donne une grande supériorité sur eux. Assez souvent des querelles s'élèvent entre les abeilles ouvrières d'une même ruche ; assez souvent on en peut voir deux aux prises, qui, posées ou plutôt couchées sur terre, font l'une contre l'autre tout ce que pourroient faire deux adroits

et courageux lutteurs ; elles cherchent réciproquement à se piquer. Leurs corps sont si bien
cuirassés qu'il est difficile à l'une et à l'autre
de trouver un endroit où elle puisse faire pénétrer son aiguillon dans le corps de son adversaire.
C'en est bientôt fait de celle qui a été piquée ;
la victorieuse la laisse bientôt expirante sur la
poussière. Quelquefois trois à quatre abeilles en
attaquent une seule, sans en vouloir à sa vie ;
elles cessent de lui porter des coups dès qu'elle
a alongé sa trompe, et qu'elle y a dégorgé du
miel que les attaquantes vont sucer tour-à-tour.
C'est à ce miel qu'elles en vouloient. Outre les
actions particulières dont nous venons de parler,
il y en a de générales. Quand les mouches
d'un essaim ont choisi inconsidérément pour se
loger, une ruche déjà habitée par d'autres mouches, à peine s'y sont-elles introduites, qu'un
combat meurtrier commence. Celles qui ont le
droit de la possession, s'opposent à l'invasion
avec tout leur courage et toutes leurs forces.
D'instant en instant on voit sortir de la ruche
une mouche victorieuse qui en emporte une

morte, ou une qui n'a plus qu'un reste de vie qui lui est bientôt ôté. Ces batailles ne finissent qu'avec le jour, et coûtent souvent la vie à plusieurs milliers de mouches. Une abeille, qui laisse son aiguillon dans l'endroit où elle a piqué, et il arrive assez souvent qu'elle l'y laisse, se fait à elle-même une blessure mortelle ; ainsi, la vie de celle qui pique est toujours en risque. La mère est armée d'un aiguillon plus grand que celui des autres mouches, quoique quelques anciens ayent assuré le contraire, et que quelques devises les en supposent privées. Mais, comme il importoit qu'une vie aussi précieuse que celle de la reine, ne fût pas aussi souvent exposée que celle des abeilles ordinaires, elle est née avec un naturel plus pacifique ; on peut la tenir entre les doigts sans qu'elle cherche à piquer. Nous finissons ce Mémoire par faire remarquer les différences qui sont entre quelques-unes des parties extérieures des trois sortes de mouches, et qui y devoient être. Les parties nécessaires pour ramasser la cire brute, par exemple, et pour façonner la cire même, étoient inutiles à la mère et aux mâles sur qui aucun travail ne roule, et ils en sont privés (1).

» Le quatrième Mémoire nous montre les abeilles occupées, dans l'intérieur de leur ruche, à leurs différents travaux. Leurs gâteaux de cire sont de tous leurs ouvrages, les plus dignes de notre attention, et les plus sûrs de se l'attirer. L'admiration croît pour eux à mesure qu'on les examine, je dois dire à mesure qu'on les étudie, car sans le progrès de l'analyse, et sans celui qu'elle a fait faire à la Géométrie dans ces derniers temps, nous ne serions pas en état de savoir à quel point ils méritent d'être admirés. Chaque gâteau est composé de deux rangs de cellules ou de tubes exagones. Sur une de ses faces se trouvent les ouvertures de toutes les cellules d'un rang, et sur la face opposée, les

(1) Les mères et les mâles, n'ont pas été pourvus de brosses, ni de corbeilles : on conçoit que n'étant pas destinés au travail, la nature, pour être conséquente, devait les en priver. Cette remarque, si importante pour les personnes qui étudient en philosophes l'histoire des insectes, vient encore corroborer l'opinion que nous avons émise dans la note de la page 77.

ouvertures des cellules de l'autre rang. Pappus célèbre parmi les géomètres anciens, qui connoissoit les avantages des cellules de figure exagone, qui savoit que de toutes les cellules de capacité égale qui peuvent être ajustées les unes contre les autres, sans laisser de vuides entr'elles, les exagones sont celles qui peuvent être faites avec moins de matière ; Pappus, dis-je, a regardé les abeilles comme de grandes géomètres. Mais il eût eu une bien plus haute idée de leur géométrie, s'il eût su que la construction du fond de chacune de ces cellules, sembloit supposer qu'elles avoient résolu un problème, dont la solution n'auroit pu être trouvée par les géomètres de son temps ; une solution à laquelle on ne peut arriver que par l'analyse des infiniment petits. Celui au moins qui les a si bien instruites, a résolu pour elles le problème dont nous voulons parler, et que nous allons exposer. Le fond de chaque cellule n'est pas plat, il est pyramidal, et formé par trois petits lozanges ou rhombes de cire, semblables et égaux. Cette figure pyramidale permet

aux fonds des cellules des deux faces opposées,
de s'ajuster les uns contre les autres aussi exactement que les corps des cellules s'ajustent,
c'est-à-dire, sans laisser de vuide. Mais les
abeilles avoient à choisir entre une infinité de
rhombes différents, qui peuvent former des
pyramides plus écrasées ou plus alongées, et
également propres à s'appliquer les unes contre
les autres sans laisser de vuide. Les rhombes,
pour lesquels elles se sont déterminées, ont
deux angles opposés chacun d'environ 110 degrés, et les deux autres chacun d'environ 70
degrés. Quelles sont les raisons de la préférence
donnée à ces rhombes? J'ai soupçonné que
l'épargne de la cire en pouvoit être une, et
j'ai proposé à M. Kœnig, capable de résoudre
les problêmes les plus difficiles, de déterminer
entre les cellules exagones de même capacité
et à fond pyramidal composé de trois rombes
égaux et semblables, quels devoient être les
angles des rhombes au moyen desquels la quantité de matière ou de cire employée, seroit la
plus petite qu'il est possible ; et il a trouvé que

les rhombes demandés sont précisément ceux
que les abeilles ont choisis (1).

(1) L'illustre Buffon ne voyait dans la construction
des cellules des abeilles qu'un fait physique facile à
concevoir *à priori*, et « indépendant de toute vue, de
toute connaissance, de tout raisonnement... » la forme
hexagonale n'était à ses yeux qu'un effet purement mécanique de la tendance qu'ont ces insectes à occuper le
plus d'espace possible dans un espace donné ; effet semblable à celui que l'on obtient en faisant gonfler des pois
par l'ébullition, après en avoir rempli totalement un vase
fermé hermétiquement, dans lequel on a ajouté autant
d'eau que les intervalles qui se trouvent entre ces pois
peuvent en recevoir.

Cette opinion émise, au grand étonnement des nombreux
lecteurs de ce naturaliste célèbre, n'est plus soutenable,
surtout, depuis les belles observations d'Huber que nous
regrettons de ne pas pouvoir reproduire ici. Nous dirons
seulement que ce savant, aidé de son domestique Burnens,
a constaté un fait étrange, et qui prouve péremptoirement
que les abeilles agissent, non pas machinalement, mais
avec réflexion et intelligence ; il a observé que si quelque
abeille maladroite, chez laquelle le sentiment géométrique
est moins développé, vient à déposer ses matériaux dans
une direction qui ne concorde pas exactement avec celle
des premiers travaux, une autre ouvrière plus habile
rectifie promptement ce que ce travail a d'imparfait.

Ce fait si étonnant et d'autres de ce genre, consignés
dans l'ouvrage d'Huber sur les abeilles, nous font un
devoir de partager le sentiment religieux dont Réaumur

Réaumur termine l'analyse de ce Mémoire par quelques considérations qui tendent à prouver que les abeilles mangent la cire brute, et qu'après l'avoir digérée, elles font retourner vers leur bouche la véritable cire qui en a été extraite; mais M. Huber fils a démontré que les demi-anneaux inférieurs des ouvrières, à l'exception du premier et du dernier, ont chacun, sur leur face interne, deux poches où la cire se secrète, et se moule en forme de lames qui affluent ensuite par les intervalles des anneaux.

La cire, d'après les expériences du même naturaliste, ne serait qu'une élaboration du miel, et le pollen, mêlé d'un peu de cette substance, ne servirait qu'à la nourriture de ces insectes et de leurs larves. Huber explique aussi l'origine de la propolis qui

était pénétré, lorsque l'étude approfondie de ces incomparables cellules le forçait à reconnaître le doigt d'une intelligence suprême qui préside à toutes ces merveilles.

est si utile à nos ingénieuses abeilles pour boucher les fissures par où l'eau, le vent ou les insectes nuisibles pourraient pénétrer dans leurs ruches.

« Tout ce qui a rapport à la génération des abeilles, fait l'objet du cinquième Mémoire. Quelque grand que soit le nombre des ouvrières, qui naissent dans une ruche pendant le cours de l'année, elles doivent toutes le jour à une même mère, à cette reine que les anciens avoient chargée de tous les détails du gouvernement, et qui a assez affaire d'avoir tant d'œufs à pondre. Elle est aussi la mère des faux-bourdons, et elle l'est encore des femelles. On n'est plus surpris qu'il y en ait telle, qui, dans une année, suffise à donner naissance à vingt mille, à trente mille, ou même à quarante mille mouches, lorsqu'on a ouvert le corps de quelqu'une qui étoit en pleine ponte : on le lui trouve tout rempli d'œufs (1); on y en peut

(1) Voir pl. V, fig. 1, un des ovaires.

compter environ cinq mille actuellement sensibles. Si on fait attention à la quantité de ceux
qui en sont déjà sortis, et sur-tout, si on
fait attention que le nombre de ceux qui,
par leur petitesse, échappent à nos yeux, et
qui ne se développeront que peu-à-peu, est
peut-être sept à huit fois plus grand que le
nombre de ceux qui sont visibles, on admirera
la fécondité de l'abeille, et on sera disposé à
croire qu'elle peut aller à faire naître trente ou
quarante mille mouches par an (1). L'intérieur

(1) On voit que la nature ne procède, à l'égard des
insectes, qu'avec une extrême libéralité; et c'est cette
libéralité qui contribue à rendre l'étude de cette classe
si intéressante : elle donne aux uns, comme on l'a déjà
vu, des milliers d'yeux, aux autres des milliers de muscles, et à d'autres une fécondité si prodigieuse qu'elle serait
incroyable, s'il ne fallait se rendre à l'évidence des faits.
C'est déjà un merveilleux phénomène de voir que 50 à
40 000 mouches par an sortent du corps d'une femelle ;
mais, quand on songe que chacune de ces mouches sort
d'un œuf, que plus de 150 vaisseaux enveloppent ces
œufs, qu'il suffit d'un instant de contact entre le mâle
et la reine pour la faire engendrer pendant deux ans, et
que ces générations successives produisent toujours des
individus exactement semblables, l'admiration est à son
comble pour l'auteur de ces merveilles.

des faux-bourdons est presque rempli par des
parties qui semblent démontrer qu'ils sont destinés à féconder les œufs. On y trouve plusieurs
réservoirs de liqueur laiteuse. Enfin les faux-
bourdons font sortir de leur derrière, en certain
temps, des parties qui paroissent analogues à
celles des mâles des autres insectes. Mais, pour
ce qui est des abeilles ouvrières, en quelque
saison de l'année qu'on ouvre leur corps, on
ne sauroit parvenir à y découvrir ni œufs ni
vaisseaux propres à les contenir, ni aucune des
parties qui caractérisent le mâle. On voit seulement leur premier estomac plus ou moins plein
de miel, et leur second estomac et leurs intestins
plus ou moins remplis de cire brute. Aussi ne
contribuent-elles en rien à l'œuvre de la génération. Nous enseignons les temps où l'on peut
parvenir à surprendre la mère occupée à pondre.
elle fait entrer son derrière dans une cellule
vuide, au fond de laquelle elle laisse un œuf.
Elle en sort bientôt pour aller presque tout de
suite en pondre un autre dans une cellule voisine ;
elle est toujours accompagnée de quelques

mouches, qui, chaque fois qu'elle sort d'une
cellule, ne manquent pas de lécher les derniers
anneaux de son corps. Nous venons de dire
qu'elle ne donne pas seulement naissance à des
abeilles ouvrières, qu'elle la donne à d'autres
femelles et à tous les mâles. La cellule dont
la capacité convient à l'œuf, ou, plus exactement, au ver qui doit devenir une abeille
ouvrière, seroit trop petite pour un ver qui
après sa transformation, sera un mâle, et à
celui qui, après la sienne, sera une femelle.
Comme si les abeilles ordinaires en étoient bien
instruites, elles construisent des cellules de trois
différentes capacités ; et ce qui n'est pas moins
digne d'être remarqué, la mère semble savoir
quel est l'embryon qui est contenu dans l'œuf
qu'elle va mettre au jour. Elle ne manque jamais
de loger dans une petite cellule, l'œuf qui
donnera une abeille ouvrière ; dans une cellule
exagone plus grande, l'œuf qui doit donner un
mâle. Enfin l'œuf plus précieux que les précédents, celui dont le ver qui en sortira,
deviendra une femelle, est déposé dans une

cellule qui ne diffère pas seulement des autres par sa grandeur, qui en diffère encore par sa figure (1). Les abeilles, qui doivent être des reines, sont traitées avec distinction dès l'instant de leur naissance, et avant même que de naître, lorsqu'elles sont encore contenues dans l'œuf. Les ouvrières abandonnent leur architecture ordinaire quand il s'agit de faire une habitation où une femelle prendra son accroissement. Ce n'est pas là le temps où elles songent à profiter des avantages que leur offrent les alvéoles exagones à fond pyramidal pour économiser la cire. Rien ne leur coûte alors. Elles employent plus de cire pour une seule cellule destinée à être le berceau d'une reine, que pour cent ou cent cinquante cellules ordinaires. Elles cherchent surtout à la rendre solide ; car d'ailleurs la forme qu'elles lui donnent n'a rien de fort agréable et de recherché pour nous ; elle est même simple. Cette

(1) Cette sorte de divination, si surprenante chez de chétifs insectes, nous rappelle les vers de Virgile que nous avons choisis pour épigraphe et celui-ci, non moins remarquable :

Admiranda tibi levium spectacula rerum.

cellule n'est pas, comme les autres, faite à pans,
elle est oblongue et arrondie, ayant plus de
diamètre que partout ailleurs auprès de sa base ;
de là elle devient de plus en plus menue jusques
à son ouverture (1). L'extérieur en est cependant
orné d'une espèce de guillochis. Une seule reine
a tant de mâles dans sa ruche, qu'elle semble
vivre au milieu d'un très-nombreux serrail ;
cependant la manière dont elle est fécondée a
été mise au rang des mystères. Comme elle se
tient presque constamment dans l'intérieur de
son habitation, on n'a pu parvenir à voir aucun
accouplement. Le trop grand nombre des mâles
a même fait penser qu'elle ne devoit pas s'ac—
coupler. Des anciens et des modernes ont cru
que le seul office des mâles étoit de répandre
sur les œufs déposés dans les cellules, une
liqueur laiteuse et vivifiante, comme on pense
communément que le font les mâles des poissons
sur les œufs de leurs femelles. Mais ce sentiment
est détruit dès qu'on sait que ce n'est que pendant
quelques semaines de chaque année que la mère

(1) Voir pl. V, fig. 19.

abeille vit avec des mâles, que, pendant neuf
à dix mois, il ne lui en reste pas un seul,
quoiqu'elle ponde dans la plupart de ces mois
des œufs féconds. Swammerdam, à qui les mâles
n'avoient pas paru avoir des parties par lesquelles
ils se pussent joindre avec la femelle, a eu un
sentiment qui semblera bien étrange à ceux
qui n'ont pas médité la suite des merveilles que
suppose la génération des animaux. Il a pensé
que la vapeur, l'odeur que les mâles répan-
doient, suffisoit pour féconder la mère. Il faut
avouer que le grand nombre des mâles, qui
ont été accordés à cette mère, fait une difficulté
considérable contre l'accouplement ; s'ils étoient
tous aussi ardents que le sont ceux des autres
insectes, la femelle en deviendroit à plaindre,
elle ne trouveroit pas les moments de repos
qui lui sont essentiels. Des observations que j'ai
faites sur des mères dont chacune a été mise
seule avec un mâle, lèvent la difficulté. Elles
m'ont appris un renversement d'ordre qui étoit
nécessaire, dès qu'il avoit été réglé que chaque
mère auroit à sa disposition tant de mâles. Ceux

qui lui ont été donnés sont les plus froids, les plus indifférents de tous les mâles. C'est à cette reine si chérie par les ouvrières, accoutumée à être servie et prévenue en tout par celles-ci ; c'est à cette reine, dis-je, à faire sa cour au mâle qui lui plaît, à le tirer de son état de froideur par ses agaceries. Elle pousse même ses caresses jusques à ce que nous appellerions plus qu'indécence. Elle prend par rapport à son mâle la position dont sont en possession les mâles des autres femelles. Enfin, quoique je ne sois pas sûr d'avoir vû un accouplement complet, j'ai vû au moins une espèce d'accouplement ; et quand il n'y auroit que ce que j'ai vû ; c'en seroit assez pour que tout se passât par rapport à la fécondation des œufs des abeilles, comme par rapport à celle des œufs des oiseaux. Les accouplements de ceux-ci sont souvent plus courts que ceux que la mère abeille m'a montrés (1).

(1) Huber a levé tous les doutes à cet égard, et a prouvé ce que la sagacité de Réaumur avait pressenti. Il s'est assuré que c'est dans les airs que l'accouplement a lieu, et jamais dans les ruches, où une reine peut

9

L'infatigable Réaumur, ne voulant rien avancer sans en être certain, rend compte ici des essais qu'il fit pour prouver qu'un essaim n'a qu'une reine; ensuite il fait savoir que, pour constater ce fait, il eut l'ingénieuse idée de plonger tout l'essaim dans l'eau pour engourdir les abeilles, afin de pouvoir les examiner une à une; puis il continue ainsi :

« Nous retournons dans le septième Mémoire à ces œufs que nous avons vû déposer par la mère en différentes cellules. Ils ont chacun une figure oblongue et arrondie, un peu plus grosse par un bout que par l'autre (1).

rester entourée d'un grand nombre de mâles, sans qu'elle soit fécondée.

Cet ingénieux naturaliste a démontré aussi (ce qu'avait avancé Schirach), que les innombrables œufs pondus par la reine, peuvent à volonté devenir abeilles neutres ou femelles, à l'aide d'une certaine nourriture; et que lorsqu'elles étaient sans reine, les abeilles ouvrières se mettaient à l'œuvre pour arriver à en posséder une; si, toutefois, il se trouvait dans leurs gâteaux du couvain d'ouvrière, dont l'âge ne passât pas trois jours.

(1) Voir pl. V, fig. 6.

Il n'y en a ordinairement qu'un dans chaque cellule. Cependant j'ai quelquefois observé deux, trois et jusques à quatre œufs dans la même ; mais ceci n'arrive que lorsque les ouvrières n'ont pu suffire à construire autant de cellules que la fécondité de la mère en demandoit de vuides. Quatre vers, et même deux, périroient dans un logement qui, par la suite, sera rempli par un seul. Aussi les abeilles ouvrières ont-elles soin d'ôter les œufs surnuméraires des cellules où il s'en trouve. L'unique œuf, qui doit rester, est collé contre le fond et seulement par son petit bout. Ce n'est que par ce bout qu'il touche la cellule. Un jour ou deux après qu'il y a été posé, un ver en sort. Il est bientôt l'objet des tendres soins des abeilles ouvrières. Chaque jour, et à plusieurs reprises, elles lui fournissent l'aliment qui lui est nécessaire ; elles tiennent le fond de sa cellule couvert d'une couche d'une espèce de bouillie blanche dont il se nourrit ; cette bouillie lui sert même d'un lit mollet sur lequel il est roulé en anneau. Dans moins de six à sept jours, il est parvenu à son dernier terme d'accroissement. Les abeilles, qui connoissent le temps où il n'a plus besoin de nourriture, cessent alors de lui en porter. Le dernier des soins qu'elles prennent pour lui, c'est de murer, pour ainsi dire, la porte de sa cellule. Elles mettent un couvercle de cire à son ouverture. Quand ce couvercle est posé, le ver qui jusque-là avoit été en inaction et roulé (1), se déplie, s'étend et commence à travailler. Il tapisse de soie les parois de sa loge ; il ne tarde guéres ensuite à se métamorphoser en nymphe (2). Plusieurs vers croissent les uns après les autres dans la même cellule ; on peut reconnoître le nombre de ceux qu'il y a eu dans chaque cellule, si on se donne la peine de séparer les unes des autres, les différentes toiles de soie dont elles sont tapissées. Les vers, qui doivent devenir des femelles, sont traités avec plus de distinction ; chacun a sa cellule neuve, faite pour lui, et qui ne sert qu'à lui. Enfin, environ vingt à vingt-et-un jours après que l'œuf a été collé contre le fond d'une cellule, une

(1) Voir pl. V, fig. 7.   (2) *Idem*, fig. 8.

abeille est en état de paroître au jour ; après
s'être défaite de ses enveloppes de nymphe,
elle fait usage de ses dents pour ronger la porte,
le couvercle de cire qui y a été attaché ; elle
y fait une ouverture par où elle sort encore
humide. D'officieuses mouches se présentent
sur-le-champ pour l'essuyer avec leur trompe :
ses ailes s'affermissent, et, dès le même jour,
elle est en état de sortir de la ruche, et de
s'acquitter par des récoltes de cire et de miel,
de ce qu'elle doit à ses mères nourrices

» Après que la rude saison est passée, le
nombre des abeilles se multiplie journellement
dans une ruche ; et souvent il s'y est multiplié
à un tel point vers la mi-mai, que l'habitation
étant devenue trop petite pour contenir toutes
les mouches, le meilleur parti qui leur reste
à prendre, c'est de se partager. Dans un instant
une très-grande troupe se détermine à abandon-
ner le lieu de sa naissance, pour aller chercher
ailleurs un établissement. Cette colonie d'abeilles
est appelée un essaim. Le huitième Mémoire
traite de ce qui a rapport aux essaims, de

ce qui précède, et annonce leur sortie, de la manière dont elle se fait, et de tout ce qui la suit jusques à ce que la nouvelle république se soit mise solidement en état de se perpétuer. »

Comme ce serait s'écarter de notre plan que de reproduire les pages dans lesquelles Réaumur traite de la science économique des abeilles, nous nous contenterons d'engager les personnes qui se livrent à l'étude de ces insectes, dans le seul but d'utiliser leurs produits, à consulter l'ouvrage d'Huber et d'autres traités plus récents que celui de Réaumur.

Pour terminer, nous donnons les judicieuses réflexions que fait ce naturaliste sans rival pour ce qui concerne les mœurs des insectes.

« Indépendamment des utilités que nous retirons de ces mouches, et des utilités encore plus grandes que nous en pourrions retirer,

leurs républiques sont bien dignes d'occuper un
esprit philosophique ; elles lui fournissent matière à bien des réflexions capables de l'étonner.
Une seule abeille est l'âme de tout son peuple,
elle met au jour chaque année un nombre prodigieux de mouches, qui ne semblent naître que
pour la servir, et pour la servir avec une
affection inconcevable. Quoique naturellement
très-laborieuses, dès que la mère leur manque,
elles ne savent plus ce que c'est que de travailler.
Alors faute de faire les provisions ordinaires,
elles se laissent périr de faim. Mais ont-elles
une mère féconde, c'est avec une activité sans
égale qu'elles exercent deux arts à nous incon-
nus, celui de recueillir et préparer le miel, et
celui de faire de la cire. Quand on étudie la
manière dont elles mettent celle-ci en œuvre,
quand on voit qu'elle suppose des connoissances
en Géométrie supérieures à celles qu'ont eues
les plus grands géomètres de l'antiquité, l'admiration que ces mouches font naître ne s'arrête
pas à elles. Si on ne veut pas les regarder
comme des êtres très-intelligents on est forcé

de reconnoitre qu'elles ne peuvent être l'ouvrage
que d'une intelligence infiniment parfaite et infiniment puissante. Bientôt l'admiration s'élève
à celui qui leur a donné l'être ; mais bientôt
on demande pourquoi il les a si admirablement
instruites ? Qu'étoit-il nécessaire qu'elles con-
duisissent leurs ouvrages selon les règles de la
plus sublime Géométrie ? On est tenté de penser
que la Sagesse par excellence, a donné trop
d'attention à de simples mouches. Ce n'est que
pour nous que nous voulons que tout ait été
fait. Nous serions pardonnables de le penser
avec un excès de complaisance, si nous le
pensions avec assez de reconnoissance. Mais les
abeilles eussent pu nous ramasser du miel, quand
elles l'auroient logé dans des vases plus grossièrement construits, dans des cellules qui
n'eussent point été des exagones à fond pyramidal. Nous trouverions mieux notre compte
par rapport à la cire, si les abeilles, au lieu
de savoir l'employer en grandes géomètres,
avoient su en ramasser assez pour fournir à
construire des cellules plus massives.

» Mais nous sommes bien éloignés d'être à portée d'entrevoir quelles perfections convenoient à chacun des êtres qui entrent dans la composition de l'univers, et quels rapports ils devoient avoir entr'eux. Nous n'avons aucune idée de l'immensité de cet univers dont il nous est aisé de reconnoître que notre terre n'est qu'une particule, qu'une espèce d'atôme. Cet atôme sur lequel nous avons été placés, pour avoir le rapport qu'il convenoit qu'il eût avec la totalité de l'ouvrage, demandoit à être peuplé d'une infinité d'animaux entre lesquels les uns, malgré leur petitesse, sont cependant des mondes pour d'autres. Si l'insecte, pour qui l'abeille en est un, pense, il se juge mieux fondé à croire les abeilles faites pour lui, que nous ne le sommes à les croire faites pour nous. S'il connoît toutes les perfections de l'être qu'il habite, pour peu qu'il soit disposé à s'enorgueillir de sa propre excellence, combien doit-il être flatté de ce qu'une créature si merveilleusement organisée, si laborieuse, si industrieuse, si habile, et pour la conservation de laquelle les hommes prennent des soins, s'il pense, dis-je, que l'abeille a été faite pour lui.

» Si l'ouvrier qui fait une montre, faisoit aussi les métaux qui y entrent, il sauroit de quelle nécessité il est de combiner entr'elles certaines matières de l'union desquelles il résulte un composé qui est du cuivre ; d'en combiner d'autres ensemble, ou les mêmes différemment, mais de manière que leur assemblage soit du fer ou de l'acier. L'Ouvrier de l'univers n'en a pas simplement combiné les parties, il les a faites ; le plan parfait sur lequel il l'a formé, demandoit que, dans cet univers, il entrât une particule qui est notre terre, que cette particule presqu'infiniment petite par rapport à l'immensité du reste, fût composée de tout ce que nous y voyons, et de beaucoup plus que nous n'y savons voir ; qu'elle eût des minéraux, des végétaux, des animaux ; et, parmi ceux-ci, qu'elle en eût d'aussi industrieux que le sont les abeilles. En un mot, chaque être n'est ce qu'il est, que parce qu'il est une partie nécessaire à la perfection de l'ouvrage total.

Comment pourrions-nous avoir la plus légère idée de l'infinité et de la nécessité de ces combinaisons, nous qui ne savons pas celles qui doivent entrer dans un simple grain de terre commune? La sphère d'intelligence qui nous a été accordée, ne s'étend pas au-delà de la première écorce de quelques-unes des parcelles de l'univers. Nous avons cependant à nous reprocher de ne pas donner assez notre attention au petit nombre de ces êtres, qui ne sont pas au-delà de notre portée. Ce que nous en pouvons voir, est plus que suffisant pour remplir la mesure d'admiration dont nous sommes capables. Nous ne pouvons même suffire à admirer toutes les merveilles que nous offrent ces petits animaux, que le commun des hommes ne juge pas digne de ses regards, les insectes » (1).

(1) L'observation que fait ici Réaumur sur le commun des hommes, peut aussi s'appliquer, malheureusement, à des hommes fort instruits. Beaucoup sont imbus de ce préjugé, et pensent qu'il serait au-dessous d'un esprit sérieux de s'occuper de l'histoire si merveilleuse des insectes. Il nous semble cependant que, bien que nous

soyons encore loin du terme de nos explorations, nous
avons déjà assez prouvé, qu'aucune branche de l'Histoire
naturelle n'offre un aussi vaste champ aux réflexions
des hommes qui aiment à résoudre des questions de
philosophie naturelle *. N'aurions-nous à présenter, à
l'appui de cette assertion, que l'incroyable histoire des
abeilles d'après Réaumur; cette preuve ne devrait-elle
pas suffire ? Mais nous avons encore celle de divers
genres d'insectes qui semblent le disputer aux abeilles
en intelligence, en adresse, en prévoyance, et en amour
pour leur postérité, et qui nous font voir des espèces de
prodiges de tous autres genres que ceux que les abeilles
nous ont montrés.

* La haute opinion que nous avons du génie des Cuvier, des Latreille,
des Lamarck, des Léon Dufour et de tant d'autres hommes distingués, qui
ont sacrifié de longues années à l'étude des insectes, devrait au moins nous
empêcher de la juger sans examen.

LES XYLOCOPES

(XYLOCOPA, Latr., Fabr.)

La Xylocope violette, vulg. Abeille perce-bois, menuisière.
(*Apis violacea*, Linnée.)

ORDRE DES HYMÉNOPTÈRES,

FAMILLE DES MELLIFÈRES.

Si tous les actes instinctifs des insectes portaient constamment l'empreinte évidente d'une nécessité aveugle, il y aurait beaucoup moins à admirer en eux qu'on ne le fait communément. Ce qui excite surtout notre surprise, c'est que fréquemment ils s'accommodent aux circonstances et que leurs actes prennent alors une telle apparence de raison qu'il faut y regarder de près pour ne pas les attribuer à une véritable combinaison d'idées.

Lacordaire, *Intr. à l'Entom.*

Les Abeilles dont nous allons nous occuper dans cet article, ne vivent pas en société comme l'Abeille domestique ; ce sont des insectes qui, à la vérité, se trouvent quelquefois réunis dans un même lieu, mais ils ne s'entr'aident pas, pour travailler à des ouvrages qui les intéressent tous, et ne forment pas ce que l'on pourrait appeler une véritable association. Chacun ne travaille que pour soi, et c'est pour cette raison qu'on les a nommés Abeilles solitaires. Quoique, en général, les animaux qui vivent en société, soient les plus industrieux (ce qui semble démontré par les travaux surprenants des Castors, des Abeilles domestiques, des Guêpes, des Fourmis, etc.), on verra que nos Abeilles perce-bois exécutent aussi des ouvrages extrêmement remarquables, et qui prouvent qu'elles sont pleines de prévoyance et animées par l'amour le plus tendre pour leurs larves ; car tous leurs travaux et tous leurs soins n'ont pour objet que de pourvoir ces larves de ce qui leur est nécessaire pour qu'elles deviennent ellesmêmes des Abeilles.

Les curieux détails que nous allons encore

puiser dans Réaumur, démontreront de nouveau que si l'auteur de la nature a varié les espèces de ces petits animaux, il a varié également les moyens qu'il a employés pour les perpétuer.

« Nous distinguerons les abeilles de cette espèce par le nom de *Perce-bois*, qui leur convient mieux que celui de perce-oreille ne convient à des insectes à qui on l'a donné, quoiqu'il n'y en ait jamais eu apparemment un seul qui ait entamé le moins du monde les membranes d'une oreille. Ces mouches (1) surpassent beaucoup en grandeur les mères des mouches à miel ; leur volume ne le céderoit guère à celui des femelles des bourdons, si elles étoient aussi couvertes de poils que ceux-ci. Elles volent avec bruit ; aussi pourroit-on encore les appeler des bourdons lisses, car leur corps est lisse et luisant, et d'un noir bleuâtre. La vue simple n'y apperçoit des poils que sur les

(1) Voir pl. V, fig. 5.

côtés; leurs quatre ailes sont d'un violet foncé; leur corps est plus applati que celui des bourdons velus; elles ont sur les côtés, autour du derrière et sur le corcelet, de longs poils noirs.

» La trompe des mouches à miel, dont la structure a été décrite ailleurs très-au long, diffère si notablement de celle des trompes des autres mouches, que nous avons cru devoir prendre pour principal caractère des espèces qui appartiennent au genre des abeilles, une trompe faite pour l'essentiel sur le modèle de celle des mouches à miel. Telle est la trompe de notre perce-bois (1). L'une et l'autre sont composées des mêmes parties; mais les porportions des parties y sont différentes. On se rappellera que dans le temps de l'inaction, ces sortes de trompes sont couvertes par quatre demi-étuis, dont deux sont plus grands que les deux autres. Les grands (2) de la mouche perce-bois, sont bien plus larges proportionnellement que les deux de la mouche à miel, qui leur sont analogues.

» Ces mouches ne sont pas fort communes;

(1) Voir pl. V, fig. 15.   (2) *Idem*, fig. 15, *f, f*.

il n'est pourtant guère de jardins où l'on n'en puisse voir quelques-unes en différentes saisons. Elles paroissent bientôt après la fin de l'hiver ; elles volent volontiers autour des murs exposés au soleil, et dans les heures où ses rayons tombent dessus, sur-tout lorsqu'ils sont garnis d'arbres et de treillages. Dès qu'on a remarqué une de ces mouches dans un jardin, on est presque sûr de l'y revoir à bien des reprises dans le même jour, et pendant les jours suivans. Elle voltige autour d'un mur, elle s'appuie dessus pour quelques instans, après quoi elle part pour faire plusieurs tours en l'air, et aller ensuite se poser sur un autre endroit du même mur. Elle prend de fois à autres des essors dans lesquels l'observateur ne la peut suivre ; mais il la revoit au bout de quelques heures, tantôt plus tôt, tantôt plus tard ; le bruit qu'elle fait en volant, avertit de son retour ; et il est toujours aisé de l'appercevoir alors, car ses ailes écartées du corps la font paroître encore plus grosse qu'elle ne l'est.

» Celle qui rôde ainsi au printemps dans un

jardin, y cherche un endroit propre à faire son établissement, c'est-à-dire, quelque pièce de bois mort d'une qualité convenable, qu'elle entreprendra de percer. Jamais ces mouches n'attaquent les arbres vivans. Il y en a telle qui se détermine pour un échalas ; une autre choisit une des plus grosses pièces qui servent de soutien aux contre-espaliers. J'en ai vu qui ont donné la préférence à des contre-vents, et d'autres qui ont mieux aimé s'attacher à des pièces de bois aussi grosses que des poutres, posées à terre contre des murs où elles servoient de banc. La qualité du bois et sa position entrent pour beaucoup dans les raisons qui décident la mouche. Elle n'entreprendra point de travailler dans une pièce de bois placée dans un endroit où le soleil donne rarement, ni dans une pièce d'un bois encore vert ; elle sait que celui qui non-seulement est sec, mais qui commence même à se pourrir, à perdre de sa dureté naturelle, lui donnera moins de peine.

» Enfin lorsqu'une de nos grosses abeilles d'un noir luisant, a fait choix d'un morceau

de bois, elle commence à le creuser quelque
part. L'ouvrage qu'elle entreprend demande
qu'elle ait de la force, du courage et de la
patience. Supposons le morceau de bois qu'elle
a choisi, à peu près cylindrique, et posé debout
ou perpendiculairement à l'horizon, elle ouvre
d'abord quelque part un trou (1) qui se dirige
vers l'axe un peu obliquement. Quand elle l'a
poussé à quelques lignes de profondeur, elle lui
fait prendre une autre direction ; elle le conduit
à peu près parallèlement à l'axe, elle perce
le bois en flûte ; quelquefois pourtant elle dirige
le trou obliquement d'un bout du morceau de
bois à l'autre. Le volume de son corps demande
que ce trou ait un assez grand diamètre ; il
faut qu'elle puisse se retourner dedans : aussi
y en a-t-il tel dans lequel j'ai fait entrer à
l'aise mon doigt index. Elle lui donne quelquefois plus de douze à quinze pouces de longueur. Si la grosseur du bois y peut suffire,
elle perce trois ou quatre de ces longs trous
dans son intérieur. J'en ai trouvé trois rangs

(1) Voir pl. V, en haut de la fig. 17, a.

dans un montant de treillage qui. avoit six à sept pouces de diamétre, et qui m'avoit été donné par M. de Fouchy. C'est-là assurément un grand ouvrage pour une abeillé ; mais aussi n'est-ce pas celui d'un jour, elle y est occupée pendant des semaines et même pendant des mois.

» Quand on est parvenu à observer le morceau de bois dans lequel il y en a une qui travaille, on voit sur la terre au-dessous du trou qui donne entrée à la perceuse, un tas de sciure aussi grosse que celle que des scies à main font tomber. Ce tas croît journellement. La mouche entre et sort du trou un grand nombre de fois dans chaque journée ; il ne faut pas l'épier longtemps pour parvenir à la voir entrer, et on n'a quelquefois qu'à rester tranquille pendant quelques instans ; pour appercevoir le bout de sa tête au bord du trou, hors duquel elle fait tomber la sciure qu'elle y a apportée. Je n'ai pourtant pû bien observer si elle ne jette dehors que les grains qu'elle tient entre ses dents, ou si elle en pousse avec sa tête plus que les dents n'en pourroient tenir.

» Ce qui est très-certain, c'est que les deux dents dont elle est pourvue, sont les seuls instrumens qui lui ont été accordés pour faire des trous si considérables. Il n'y a pas moyen de les voir agir dans l'intérieur d'un morceau de bois ; mais lorsqu'on les considère à la vue simple, et surtout à la loupe (1), on les juge bien capables de hacher le bois, et même de le percer. Elles sont semblables et égales ; chacune d'elles est une solide pièce d'écaille, courbée en quelque sorte en tarière, convexe par-dessus et concave par-dessous, et qui se termine par une pointe fine, mais forte.

» C'est pour loger les vers qui doivent sortir des œufs, que notre mouche perce-bois doit pondre bientôt, qu'elle ouvre de si longs trous. Son travail et ses soins ne se bornent pourtant pas là. Les œufs ne doivent pas être empilés les uns sur les autres, ni être dispersés dans une même cavité ; il ne convient pas aux vers qui en écloront, de vivre ensemble, chacun d'eux doit croître sans avoir de communication

(1) Voir pl. **V**, fig. 13 et 14.

avec les autres : aussi chaque long trou, chaque long tuyau, n'est que la cage d'un bâtiment où se trouveront par la suite plusieurs pièces en enfilade ; bientôt il y aura dans chaque trou une enfilade de cellules (1), mais qui, à la différence des pièces d'un appartement, n'auront aucune communication les unes avec les autres.

» Enfin la mouche n'est pas seulement instruite de la figure, de la capacité du logement qui convient à chacun de ses vers, et de la nature des matériaux dont il doit être fait ; elle sait bien plus que tout cela : elle a des connoissances dont nous devons être étonnés. Quelle est parmi nous la mère qui sache au juste le nombre des livres de pain, de viande et d'alimens de toutes autres espèces, et la quantité des différentes boissons que consommera l'enfant qu'elle vient de mettre au jour, jusqu'à ce qu'il soit parvenu à l'âge d'homme.? Le ver naissant, pour parvenir à être mouché, n'a pas besoin de prendre des alimens aussi variés que les nôtres ; une sorte de pâtée, assez

(1) Voir pl. V, fig. 17.

semblable à celle dont les bourdons à nids de mousse nous ont donné occasion de parler, est sa seule nourriture. Mais ce que nous devons admirer, c'est que la mouche à laquelle ce ver doit le jour, sait la quantité de cette pâtée qui lui est nécessaire pour fournir à tout son accroissement ; elle la connoît cette juste quantité d'aliment, et la lui donne. C'est une prévoyance tendre et éclairée dont nous n'avons pas eu occasion de parler jusqu'ici, et dont d'autres mouches du genre des abeilles et de celui des guêpes, nous donneront des exemples.

» Mais ce n'est actuellement que la manière dont se conduit notre perce-bois, que nous devons admirer. Supposons qu'elle a creusé un trou qui a sept à huit lignes de diamètre, et plus d'un pied de longueur ; elle va diviser cette cavité en douze logemens ou environ (1) ; c'est-à-dire, que si la direction du trou est de haut en bas, comme elle y est le plus souvent, elle va faire une espèce de bâtiment dont la base à la vérité est étroite, mais qui aura onze

(1) Voir pl. V, fig. 17.

ou douze étages. Elle fixe la hauteur qu'elle veut à chaque cellule à un pouce ou environ ; elle construit des cloisons, ou, si l'on veut, des planchers qui forment des divisions ; le plancher qui fait le dessus d'une cellule, est celui du fond de la suivante.

» Chaque plancher a environ l'épaisseur d'un écu ; il est de bois, et fait de morceaux proportionnellement plus petits que les pièces de nos parquets ; il n'est composé que de grains tels qu'en fournit du bois scié. Ces grains de sciure de forme irrégulière, ne tiennent pas ensemble par quelque engrainement ou quelque assemblage ; la mouche humecte ceux qu'elle veut employer, d'une liqueur propre à les coller à ceux qu'elle a déjà mis en place et assujettis. On imagine assez qu'elle doit suivre un ordre dans le travail de chaque cloison. Elle commence par faire une lame annulaire qu'elle attache contre la circonférence de la cavité ; le bord intérieur de cette lame fournit l'appui d'un second anneau d'un diamètre plus petit ; celui-ci devient ensuite l'appui d'un troisième anneau : quatre à cinq anneaux pareils ne laissent plus au centre qu'un petit vide qui est rempli par une lame circulaire. Si l'on observe une cloison (1), on distingue très-bien les lames annulaires et la circulaire, qui la font paroître assez joliment ouvragée, et qui apprennent l'ordre dans lequel le travail a été conduit.

» On n'est pas embarrassé de savoir comment la mouche peut se fournir de sciure pour construire les différens planchers ; il me reste pourtant un doute sur l'endroit où elle prend celle qu'elle emploie : il semble qu'elle pourroit laisser de trop aux parois de la cavité, ce qu'il faut de bois pour fournir aux cloisons. Mais cette pratique qui paroîtroit lui épargner du travail, pourroit avoir ses inconvéniens. L'intérieur de chaque cellule doit être extrêmement propre dans le temps où la mouche la ferme, et il seroit difficile qu'il n'y tombât pas de grains de la sciure qu'elle détacheroit ; aussi m'a-t-il paru qu'elle va en prendre hors du morceau de bois de celle qu'elle y a jetée, et qui y est en tas.

(1) Voir pl. V, fig. 18.

» On verra mieux pourquoi il seroit à craindre qu'il ne tombât de la sciure dans l'intérieur d'une cellule, lorsque la mouche en fait la cloison supérieure, après que nous aurons dit en quel état il est alors. Nous l'avons laissé imaginer vide, et il est plein. Nous avons parlé de la construction des différens planchers, comme si elle se faisoit tout de suite ; mais il y a un travail intermédiaire, et un grand travail dont nous n'avons encore rien dit. Pour l'expliquer, retournons à considérer la longue cavité (1) dans le temps où elle n'a encore aucune cloison. La première cellule n'a besoin d'en avoir qu'une (2) ; le fond du trou lui tient lieu de celle qui fait le fond des autres, et est beaucoup plus solide. Sur le fond du trou, l'abeille perce-bois apporte de la pâtée, c'est-à-dire, une matière rougeâtre, composée de poussières d'étamines bien humectées de miel. Cette pâtée a la consistance d'une terre molle. La mouche ne cesse d'y en apporter, de l'y accumuler jusqu'à ce qu'elle s'élève à peu près

(1) Voir pl. V, fig. 17. (2) *Idem*, en bas de la fig. 17, *a*.

à un pouce de haut, c'est-à-dire, à la hauteur
où doit être mis le premier plancher (1). Mais
avant que de travailler à ce premier plancher,
elle a à faire la plus importante de ses opérations ; elle a à pondre un œuf qu'elle enfonce
dans la pâtée, ou qu'elle laisse, soit dessous,
soit dessus. Elle ne tarde pas à fermer la cellule
à qui le précieux dépôt a été confié, avec une
cloison qui fera le fond de la cellule suivante :
sur cette cloison elle apporte de la pâtée, comme
elle en a apporté sur le fond de la première ;
et quand elle en a rempli la capacité qui convient
à la grandeur de la seconde cellule, et pondu
un second œuf, elle bâtit un second plancher.
C'est ainsi qu'elle remplit et qu'elle ferme toutes
les cellules successivement.

» Quand il y en a une de fermée, la mouche
a fait, par rapport à l'œuf qu'elle y a déposé,
et au ver qui en éclora bientôt, tout ce qu'elle
avoit à faire. Elle n'a plus à être inquiète pour
le sort du ver naissant, elle a pourvu à tout ;
elle l'a logé convenablement ; elle a mis de la

(1) Voir pl. V, en bas de la fig. 17, *a*.

pâture à portée de lui, et elle lui en a donné la provision nécessaire pour fournir à tout son accroissement. Lorsqu'il aura consumé toute celle qui est dans sa cellule, il sera en état de subir ses transformations, de devenir nymphe, et ensuite mouche. L'aliment qu'elle lui a préparé est de nature à ne se corrompre ni s'altérer aucunement, quand le ver seroit plus longtemps à croître qu'il ne l'est. D'ailleurs il conserve son onctuosité : comme il est dans un vase bien clos, ce qu'il a de liquide n'est pas exposé à s'évaporer.

» Le ver naissant n'a que très-peu de place pour se retourner dans sa cellule, qui est presque remplie par la pâtée (1) : à mesure qu'il croît, il a besoin d'un plus grand espace pour se loger ; l'espace aussi ne manque pas de s'agrandir, et dans la proportion que l'accroissement du ver le demande : puisqu'il ne croît qu'aux dépens de la pâtée, le volume de l'une diminue, quand celui de l'autre augmente. »

(1) Voir pl. V, fig. 17, *g*.

Ici notre ingénieux naturaliste rend compte des moyens qu'il employa pour observer l'accroissement, et la métamorphose des larves. Il résulte de ses observations que le ver (larve) que l'on voit pl. V, fig. 17 *g*, consomme toute sa pâtée dans l'espace de vingt jours environ ; que six jours après, il se transforme en une nymphe pareille à celle que nous avons fait représenter pl. V, fig. 16 ; et qu'enfin, à peu près trois semaines après cette transformation, la nymphe quitte sa dépouille et devient insecte parfait ; c'est-à-dire une abeille semblable à celle représentée pl. V, fig. 5.

Réaumur termine ainsi son curieux Mémoire :

» Si l'on ouvre tout du long un morceau de bois dans lequel une de nos abeilles perceuses travaille depuis un ou plusieurs mois, et sur-tout si le morceau de bois s'est trouvé assez gros pour être percé selon sa longueur en trois à quatre endroits, on y pourra observer des vers de différens âges, et par conséquent de différentes grandeurs ; on y verra des cellules pleines de pâtée, et d'autres presque vides ; enfin, on pourra trouver des nymphes dans quelques-unes ; et cela, parce que la ponte de la mouche se fait successivement : il ne pouvoit être établi qu'elle la fît dans un jour ou dans un petit nombre de jours, qui n'auroit pas suffi pour lui donner le temps d'amasser et de transporter la provision de pâtée nécessaire à chaque ver.

» Dans une rangée de cellules, les vers sont donc de différens âges, et ceux des cellules les plus basses sont plus vieux que ceux des cellules supérieures ; ils sont donc aussi les premiers qui se doivent transformer en nymphes et en mouches. Ceci demandoit encore à être prévu par la mère des nouvelles mouches ; car si celle qui vient de se transformer, et qui est impatiente de sortir d'un logement qui est devenu pour elle une prison, vouloit prendre sa route par la cellule supérieure, elle n'y trouveroit pas à la vérité grande résistance ; mais il faudroit qu'elle passât sur le corps de la nymphe qui y est logée, ou du ver, s'il y est encore ver. Il faudroit même qu'elle hachât l'un ou l'autre, qu'elle le mit en pièces pour se faire place. Avec des dents capables de percer le bois, elle en viendroit aisément à bout. Cette première action de sa vie seroit trop barbare, et iroit contre la multiplication de l'espèce, c'est-à-dire, contre la vue de l'Auteur de la nature. Aussi a-t-il réglé que la nymphe auroit la tête en en-bas ; la mouche se trouve donc l'avoir dans cette même position ; et comme il est naturel que les premières tentatives qu'elle fait pour marcher, soient pour aller en avant, sa route ne la conduit pas vers les cellules pleines. Elle auroit pu être instruite à percer les parois de sa cellule pour sortir par un des côtés ; mais ç'auroit été donner beaucoup d'ouvrage à des dents encore mal affermies ; aussi n'est-ce pas par-là qu'elle sort : si cela étoit, le morceau de bois qui est percé en flûte, auroit aussi sur son extérieur des trous comme ceux des flûtes, au moins de pouce en pouce ; on n'en trouve point qui soient

percés de la sorte. J'ai jugé que la mère avoit
dû songer à ménager une sortie commode
aux mouches naissantes, et qu'elle n'avoit eu
besoin pour cela que de percer à la partie inférieure de chaque cavité oblongue, un trou pareil
à celui qui communique avec la partie supérieure
de cette cavité ; que celui d'en-bas donneroit
aux jeunes mouches une sortie commode qu'elles
sauroient bien trouver. J'ai aussi observé ce
trou dans quelques pièces de bois que j'ai eues
entières.

» Outre le trou supérieur et le trou inférieur (1) dont les ouvertures sont sur la surface
du morceau de bois, et qui communiquent avec
une grande cavité, j'ai quelquefois vu un trou
semblable (2) à distance à peu près égale de
l'un et de l'autre. Celui-ci peut abréger le
chemin aux mouches nées dans les cellules
mitoyennes, lorsqu'elles veulent sortir. Mais il
y a grande apparence que la mère mouche en
le perçant, a cherché à s'abréger à elle-même
celui qu'elle a à faire pour le transport des

(1) Voir pl. V, fig. 17, *a*, *r*.   (2) *Idem*, fig. 17, *s*.

décombres, dans le temps qu'elle creuse l'intérieur de la pièce de bois.

L'histoire des Abeilles, si féconde en faits
surprenants nous fait un devoir de placer
ici quelques considérations sur l'intelligence
des insectes.

Tout le monde sait que plusieurs naturalistes philosophes, ont poussé le scepti-
cisme à l'égard des animaux, au point de
ne reconnaître en eux que l'instinct, c'est-
à-dire une action purement mécanique.

Descartes les considérait comme de purcs
machines, et Buffon, l'un des naturalistes
qui ont le mieux observé leurs mœurs, a
dit : « La sûreté avec laquelle les animaux
» agissent, la certitude de leur détermi-
» nation, suffiraient seules, pour qu'on
» dût en conclure que ce sont les effets
» d'un pur mécanisme. Le caractère de la
» raison le plus marqué, c'est le doute,
» c'est la délibération, c'est la comparaison ;

» mais des mouvements et des actions qui
» n'annoncent que la décision et la certitude,
» prouvent en même temps le mécanisme
» et la *stupidité*. »

Oui, il est incontestable qu'il n'y aurait que mécanisme et stupidité dans les actes des animaux, s'ils étaient constamment accomplis sans aucune modification ; mais il suffit de connaître seulement les merveilles observées chez nos abeilles, pour qu'on soit forcé d'admettre que la plupart des actes de ces industrieux hyménoptères, sont le résultat d'une véritable combinaison d'idées. Dans le cas où quelqu'un conserverait des doutes à cet égard, qu'il veuille bien méditer ce passage si concluant, extrait de l'ouvrage d'Huber sur les Abeilles domestiques : « Pendant une de
» mes observations, relatives à l'établis-
» sement du gâteau, la troisième abeille
» ayant arrangé son petit tas de cire dans
» une direction qui faisait un angle avec

» les premiers, une autre ouvrière parut
» s'en apercevoir, et, sous nos yeux, enleva
» cette cire mal placée pour la porter auprès
» du premier tas; elle la disposa dans le
» même ordre, et suivit exactement la
» direction qui lui était indiquée. »

Sans doute nous sommes convaincus que tout homme qui s'examinera, s'analysera, sentira bientôt l'existence de son âme, et verra d'un coup-d'œil la distance infinie que Dieu a mise entre les bêtes et lui; mais nous avons aussi l'intime conviction que les animaux sont doués d'instinct et d'intelligence. Nous reconnaissons qu'il existe entre ces deux facultés une complète opposition; que tous les actes qui s'opèrent chez les animaux par pur instinct, se font aveuglément, nécessairement et invariablement; que tous ceux qui annoncent une sorte d'intelligence, se font à leur volonté, et peuvent être modifiés suivant les circonstances. Mais on doit convenir toutefois que,

dans une foule de cas, il est très-difficile
de reconnaître, si une action observée chez
un animal, est aveugle, nécessaire et invariable ; la considérer comme telle, parce
que l'ouvrage qu'elle produit est toujours
le même, est, selon nous, un argument
bien faible : prenons pour exemple les admirables travaux des Abeilles ; puisqu'il
est prouvé que ce sont des ouvrages parfaits et qui remplissent, mieux qu'aucun
autre, les conditions essentielles à l'emploi
que ces insectes veulent en faire, pourquoi
voudrait-on que les Abeilles apportassent
quelques modifications à leurs admirables
hexagones ? Puisque les abeilles solitaires
que nous venons d'examiner, ont l'industrie
de faire dans un morceau de bois sec des
chambres, remplissant exactement les conditions voulues pour arriver à leur but,
pourquoi voudrait-on que ces mères pré-
voyantes fissent des changements à leurs
ouvrages ? Le soin qu'elles ont, pour avoir

moins de peine, de ne percer que du bois
sec, et qui commence à se pourrir; l'attention qu'elles prennent de choisir les bois
exposés au soleil : ne sont-ce pas là des
actes qui prouvent qu'elles n'agissent pas
toujours comme de simples machines?

Si nous n'avons pas craint, dans les
réflexions que nous venons de faire sur les
insectes, de leur accorder, outre l'instinct,
une certaine dose d'intelligence, c'est parce
qu'il entre dans notre pensée, que, soit
que l'on prétende que les insectes agissent,
dans beaucoup de circonstances, par raisonnement, soit que l'on veuille qu'ils soient
portés à ce qu'ils font par un mouvement
aveugle, la puissance de Dieu n'en éclatera
pas moins dans l'une ou l'autre de ces
hypothèses. Dans l'une, on admirera la
sagesse du sublime Auteur qui a pu créer
des machines, privées de raison, et agissant
aussi conséquemment que si elles en avaient;
dans l'autre, on sera pénétré d'admiration

pour cette même sagesse qui a su créer
tant d'espèces d'êtres, à la vérité, pourvus
de connaissances bien moins étendues que
les nôtres, mais pourtant tous assez intelligents pour veiller eux - mêmes à tout ce
qui se rattache à leur conservation et à celle
de leur progéniture.

Quelle que soit l'opinion que l'on adopte,
dans cette question capitale, il restera
toujours une limite infranchissable entre
l'homme et les animaux : limite qui a été
établie avec précision par M. F. Cuvier,
dans un ouvrage remarquable sur l'Instinct
et l'Intelligence des Animaux, et que le
savant M. Flourens, dans l'analyse qu'il
a faite de cet ouvrage, a posée en ces
termes : « Percevoir des impressions par
» les sens, les conserver, les combiner,
» en déduire le jugement, telles sont les
» opérations communes à ces deux intel-
» ligences ; mais se replier sur soi-même,
» sentir qu'il sent, connaître qu'il connaît,

» penser qu'il pense, en un mot réfléchir,
» voilà ce qui distingue l'esprit de l'homme
» et lui ouvre le domaine du monde pu-
» rement intellectuel. »

LES CIGALES

(CICADA, Oliv.; TETTIGONIA, Fabr.)

La Cigale commune (*Cicada plebeia*, Linnée),

ORDRE DES HÉMIPTÈRES,

FAMILLE DES CICADAIRES.

***

> La Cigale aime son art, car elle a le plus grand
> soin de son instrument. Si le ciel se couvre du
> plus léger nuage, si quelques gouttes de pluie
> bruissent sur le feuillage, si, enfin, elle veut
> interrompre son chant pour une cause quelcon-
> que, elle recouvre chacune de ses deux timbales
> avec un couvercle fermant hermétiquement et
> formé d'une plaque cartilagineuse en forme
> de volet.
>
> BOITARD.

Il est peu d'insectes dont le nom soit aussi connu que celui des Cigales (1). Plusieurs passages des poètes et des prosateurs anciens font foi de leur admiration pour

(1) Notre inimitable La Fontaine est le poète qui a le plus contribué à populariser ce nom chez les modernes.

leur chant : Le sage Esope, Hésiode, Théo-
crite, Anacréon, Homère et Virgile l'ont
célébré en beaux vers ; Aristote, Pline,
Saint-Ambroise, etc., lui ont consacré aussi
quelques pages de leur prose éloquente ; mais
les sciences naturelles étant encore dans
leur berceau, à l'époque à laquelle tous ces
auteurs écrivaient, il en est résulté, qu'au
lieu de nous donner une histoire véridique
des cigales, leurs écrits n'ont servi qu'à
propager, pendant des siècles, de grossières
erreurs sur ces insectes.

Les uns ont pensé qu'elles ne se nour-
rissaient que de rosée ; d'autres ont cru
que l'instrument avec lequel elles formaient
des sons était dans leur bouche, ou que
ces sons étaient produits par le frottement
de leurs ailes ; d'autres enfin ont assuré
qu'elles ne vieillissaient pas.

Il était encore réservé à l'auteur des
Archives de la Nature, dont la patience et
la sagacité ne sont jamais en défaut, quand

il s'agit de découvrir chez les insectes quelques nouveaux mystères; il était encore réservé, disons-nous, à Réaumur d'écrire l'histoire de ces hémiptères. Les détails que nous allons extraire de ses Mémoires devront d'autant plus exciter la curiosité et l'intérêt de nos lecteurs, qu'il s'agit de leur faire connaître surtout deux appareils extrêmement remarquables que nous n'avons pas encore rencontrés sur les insectes précédents.

Le premier de ces appareils est l'instrument musical que le sublime Auteur de la nature a donné aux mâles des cigales (1) pour chanter leurs amours, et nous offrir en même temps un nouvel exemple de l'étendue de sa puissance, en nous faisant

---

(1) Un grand nombre d'insectes simulent une espèce de chant, mais ce chant est presque toujours produit par le frottement d'une partie dure contre une partie de consistance semblable : la Cigale seule porte un appareil savamment organisé pour chanter.

voir que, bien que les insectes ne soient pas pourvus de poumons, ni d'autres parties que nous croyons indispensables pour obtenir des sons éclatants, il pouvait en produire par d'autres moyens. Le second de ces appareils est l'admirable tarière que portent, au derrière, les femelles pour percer les branches de bois mort, afin de déposer leurs œufs dans leur intérieur (1).

1° Appareil musical. — « Enfin il est très-certain que le chant de la cigale n'est produit par aucune des parties que nous venons d'examiner (2), qu'il en demande beaucoup d'autres plus singulièrement placées, et qu'il ne seroit

(1) Les personnes qui seraient en position de se procurer le cinquième volume des Annales des Sciences naturelles liront, avec bien de l'intérêt, un mémoire de M. Léon Dufour, intitulé : *Recherches anatomiques sur les Cigales.* Ce profond observateur est celui dont les recherches sont les plus étendues et les plus complètes, du moins quant au système digestif et aux organes de la génération.

(2) Les parties que Réaumur vient d'examiner, sont

pas possible de découvrir avec quelqu'attention qu'on observât une cigale vivante, eût-elle la complaisance de chanter sur la main de l'observateur ; il n'y a que la dissection qui

celles qui servent à modifier les sons : elles se composent de deux plaques écailleuses (V. pl. IV, fig. 19, *u, u*) que la cigale ouvre et ferme à volonté ; ces deux espèces de calottes couvrent deux cavités *, en même temps qu'elles en sont une partie essentielle.

La Nature, toujours si ingénieuse, a placé deux ressorts, ayant la forme de petites épines, qui partent de l'origine de la cuisse, et viennent appuyer leurs pointes sur les calottes ou volets : ces espèces de ressorts agissent comme ceux que nous appliquons à nos portes pour les faire retomber d'elles-mêmes, lorsque nous les avons ouvertes ** ; voilà pour la partie extérieure. Voici maintenant de quoi se compose l'intérieur : on y trouve deux capacités semblables, séparées l'une de l'autre par un cartilage mince et solide ; chacune de ces capacités est partagée encore en deux loges (une grande et une petite) : l'intérieure qui est la plus grande contient un triangle écailleux très-solide et convexe, et occupe le milieu entre deux membranes ***, qui font avec lui et le couvercle le total de cette première loge.

* Ces cavités ont été nommées *timbales*, à cause de leur ressemblance avec l'instrument militaire, appelé ainsi.

** Il y a aussi à signaler une espèce de petit chevalet, sur lequel viennent tomber les calottes ou volets, afin de les empêcher de descendre dans la cavité.

*** La membrane inférieure se nomme le *miroir* ; elle réfléchit tous les rayons de la lumière et produit un cercle composé de toutes les couleurs de l'arc-en-ciel.

puisse nous montrer les vrais organes de sa
voix. Après en avoir ouvert quelques-unes sur
le dos, c'est-à-dire, après y avoir emporté la
partie supérieure du premier et du second
anneau ; après avoir mis à découvert du côté
du dos la portion de l'intérieur qui répond à
la cavité où sont les miroirs, je fus frappé de
la grandeur de deux muscles qui s'offrirent à
mes yeux (1). Chacun des muscles, dont je
veux parler, est un faisceau d'un prodigieux
nombre de fibres droites appliquées les unes
contre les autres, et pourtant aisées à séparer
les unes des autres. Les deux muscles se ren—
contrent l'un l'autre sous un angle plus petit
qu'un droit, et ce point de rencontre et de
leur attache est sur le revers de la pièce trian—
gulaire et écailleuse, et précisément à celui des
angles d'où partent les côtés qui ferment les
cavités où sont l'un et l'autre miroir. Ceux qui
ont fait attention à la disposition des fibres des
muscles, qui se trouvent dans le corcelet des
mouches de différentes espèces, et qui servent

(1) Voir pl. IV, fig. 6, *f*, *f*.

à mouvoir leurs ailes, se feront une juste idée des muscles que nous voulons faire connoître; ces derniers ne le cèdent, ni en grosseur, ni en force à ceux qui sont employés à produire le mouvement des ailes, et sont beaucoup plus longs. Des muscles d'une telle force, placés dans le ventre de la cigale, et dans l'endroit du ventre où ils se trouvoient, ne sembloient y être que pour agiter vivement les parties, qui, étant mues, produisoient le bruit ou le chant. Aussi pendant que j'examinois un de ces muscles, pendant que je le tiraillais doucement avec une épingle, pendant que je le faisois un peu sortir de sa place pour l'y laisser retourner ensuite, il m'arriva de faire chanter une cigale morte depuis plusieurs mois. Le chant, comme on l'imagine, ne fut pas fort; mais il le fut assez pour me conduire à trouver la partie à laquelle il étoit dû. Je n'eus qu'à suivre le muscle que j'avois tiraillé, qu'à chercher la partie à laquelle il aboutissoit. »

. . . . « C'est dans les deux cavités mentionnées dans la note 2 de la page 139 (voir cette note) que sont les deux organes du chant. Les ouvertures de ces deux cavités sont pour la voix des cigales, ce que notre larinx est pour la nôtre. Si elles sont inflexibles, si elles ne peuvent pas modifier les sons qu'elles laissent sortir, en récompense ces sons trouvent plus de parties qui les modifient, que n'en trouvent ceux qui ont été formés par notre glotte. La voûte du palais de la bouche, et la cavité du nez, sont nécessaires pour perfectionner nos sons ; ceux des cigales peuvent être modifiés par les volets écailleux, par les cavités où sont les miroirs, par les miroirs même, et par les différentes parties de la grande cavité.

» Mais, pour voir enfin les premiers et véritables organes du chant des cigales, nous n'avons qu'à porter nos regards sur les timbales de la planche IV, figure 6, *t*, *t*.

» Cette pièce pourtant, loin d'être lisse comme l'instrument auquel nous la comparons, est toute plissée et pleine de rugosités. Pour peu qu'on la touche, on ne sauroit hésiter sur l'usage

auquel elle est destinée, elle résonne plus que
ne feroit le parchemin le plus sec, ou quelqu'autre membrane plus sonore que le parchemin.
Quand la timbale qu'on touche, appartient,
comme celle que je touchois, à une cigale qui
a été longtemps tenue dans de l'eau-de-vie
bien chargée de sucre, on voit que la nature
de cette membrane est d'être toujours roide,
de l'être quoique mouillée, ou au moins qu'elle
est de nature à ne pouvoir être aisément pé-
nétrée par une liqueur, puisque, pendant que
toutes les autres membranes de la cigale étoient
flexibles et molles, elle avoit conservé la roideur
nécessaire pour rendre des sons.

» La circonférence de cette timbale est arrêtée
bien fixément (1), elle l'est sur une espèce de
cerceau d'écaille ; je donne ce nom à la pièce
dans laquelle est percé un trou sillonné autour
de son bord, dont le diamètre est presqu'égal
à celui de la circonférence de la timbale. La
pièce dans laquelle il est percé, est la partie
antérieure de cette cloison qui ferme d'un côté

(1) Voir pl. IV, fig. 14, t.

la cellule de la timbale. Les rugosités, qui sont sur la surface de cette espèce de timbale, y sont arrangées avec une sorte de régularité. Ce sont des sillons assez relevés, et presque parallèles les uns aux autres; le premier et le plus court de tous, est le plus proche de la portion de la circonférence la plus voisine du corcelet; celui qui suit, qui s'élève davantage sur la convexité de la timbale, est plus long nécessairement que celui qui le précède; c'est-à-dire, que ces sillons ne sont pas parallèles à la base de la timbale, que chacun d'eux part d'un point de cette base pour s'élever sur la partie convexe, et aller se terminer à un point de la base, opposé à peu-près diamétralement à celui dont il est parti. Lorsqu'on frotte ces sillons ou la surface convexe de la timbale, avec un petit corps incapable de percer et de déchirer, tel que peut être un petit morceau de papier roulé, on la fait résonner; et on voit que le résonnement vient de ce que des portions de la timbale, qui sont enfoncées par les frottements du petit corps, se relèvent dès que ce corps cesse d'agir contr'elles. La disposition et le ressort des parties qui ont été enfoncées, suffisent pour les relever ; il ne faut point de muscles pour produire cet effet, mais il en faut un, qui alternativement tire en dedans une portion de la timbale, qui oblige à devenir creuse une portion qui étoit convexe, et qui permette ensuite à cette partie d'être relevée par son ressort.

» **On ne doit pas être embarrassé** où trouver le muscle capable de produire cet effet, car on n'a pas oublié les deux forts muscles (1) dont nous avons déterminé la position ci-dessus. Celui qui est destiné à mettre en mouvement une des timbales, est appuyé et arrêté en partie contre la pièce écailleuse qui soutient la timbale, et qui est percée d'un trou dont le diamètre est presqu'égal à celui de la base de cette timbale ; une partie du bout du muscle est vis-à-vis la portion postérieure de ce trou. Les fibres, qui composent ce muscle, se terminent à une plaque tendineuse presque circulaire (2). De cette plaque tendineuse partent plusieurs filets (3), plusieurs

(1) V. pl. IV, f. 6, *f, f.* (2) *Id.*, f. 14. (3) *Id., id., i.*

petits tendons, qui vont s'attacher à la surface
concave de la timbale, à peu-près à distance
égale de sa partie la plus élevée, et de sa
circonférence, et cela vers la portion postérieure de cette circonférence. Je n'oserois assurer
que ces petits tendons soient les seuls par lesquels
le muscle peut agir sur la timbale, mais ils
suffisent pour en expliquer tout le jeu ; car il
est clair que, quand le muscle se contractera
et se relâchera alternativement avec vitesse,
une portion convexe de la timbale sera rendue
concave, et cette portion reprendra ensuite sa
convexité par l'action de son propre ressort.
Alors se fera ce bruit, ce chant que nous avons
été si longtemps à expliquer, parce que nous
avons voulu faire connoître toutes les parties au
moyen desquelles celui qui n'en fait point d'inutiles, a voulu qu'il fût produit (1). » .....

2° TARIÈRE. — « Si, parmi les cigales,
toutes les femelles sont muettes, si elles n'ont

(1) On voit que rien ne manque à ce surprenant instrument, que bien des personnes ne s'attendaient pas à
trouver si parfaitement organisé pour le chant.

point des organes du chant semblables à ceux
que nous venons d'admirer dans les mâles, elles
ont en revanche un instrument qui leur est
propre, et qui mérite bien d'être examiné avec
attention. Leurs œufs doivent être logés dans
l'intérieur de petits morceaux de bois, et elles
sont pourvues d'un instrument avec lequel elles
viennent à bout de percer de longs trous, dans
lesquels elles les arrangent avec un grand art.
Cet instrument, comme tous ceux que la nature
a accordés aux insectes, pour couper, scier,
entailler et percer, est d'écaille ou de corne;
et il est un des plus solides dont un insecte
soit armé. Il est d'ailleurs d'une grandeur plus
considérable que ne le sont la plupart des
instruments des insectes, destinés à des usages
équivalents. » ....

« L'instrument est composé de deux limes
d'une figure particulière, qui peuvent jouer
alternativement. Mais ce qui est de plus remarquable, c'est la manière dont elles sont maintenues l'une et l'autre pendant leur jeu; elles
le sont de façon qu'elles restent toujours pa-

ralléles entr'elles, de façon que celle qui avance ne s'écarte point de celle qui est en repos. Ceci dépend de la manière dont elles sont assemblées : elles le sont toutes deux avec une troisième pièce, que nous nommerons le support ou la pièce d'assemblage (1). Cette dernière est taillée quarrément dans la plus grande partie de sa longueur ; elle est environ une fois plus large qu'épaisse. Les faces sur lesquelles nous prenons sa largeur, sont la supérieure et l'inférieure, ou celles qui sont parallèles au ventre de l'insecte. Son bout (2) se termine en fer de pique, mais il n'est guère moins épais que le reste. Le manche, pour ainsi dire, ou la tige (3) de chacune de nos pièces en lime, est dans toute sa longueur creusée en gouttière. Sa surface extérieure est pourtant arrondie. Un des côtés (4), une des tranches de la pièce d'assemblage ou du support, entre dans la gouttière de la tige d'une lime, et l'autre côté de cette pièce entre dans la gouttière de la tige de l'autre lime ; les

(1) Voir pl. IV, fig. 20, *te*, *er*. (2) *Idem*, *id.*, *tc.*
(3) *Idem*, *id.*, *lb*, *sb.* (4) *Idem*, *id.*, *er.*

gouttières sont tellement creusées, que chaque tige de lime recouvre une moitié de cette face de la pièce d'assemblage (1), qui se présente lorsqu'on regarde le ventre de l'insecte, ou de la face inférieure. Là, les deux tiges laissent seulement entr'elles une petite fente, qui est celle dans laquelle nous avons dit qu'il falloit faire entrer une épingle quand on vouloit séparer une des limes de l'autre, et de son support. Mais la face opposée du support n'est point recouverte par les tiges des limes.

» Les tiges des limes sont à-peu-près droites, c'est-à-dire, qu'elles n'ont que la courbure qui leur est nécessaire, pour que la tarière se place dans son étui ; mais la partie taillée en lime fait un angle avec la tige, ce qui leur donne quelque ressemblance avec certaines limes, ou avec certains rifloirs, que nos ouvriers emploient à limer ou à réparer dans des cavités. Nous avons dit que la pièce d'assemblage se termine en fer de pique ; les deux faces (2) qui en marquent l'épaisseur, et qui concourent à sa pointe,

(1) Voir pl. IV, fig. 15.   (2) *Idem*, fig. 20.

servent de support aux deux limes (1); c'est-
à-dire, que chaque lime est posée sur un des
côtés de la portion faite en fer de pique.

» La position des limes est assez expliquée,
on entend assez comment le support est emboîté
dans l'une et dans l'autre; mais nous n'avons
rien vu encore qui puisse rendre cet assemblage
solide : il l'est au-delà de ce qu'on l'imagineroit,
car si on n'agit avec bien des précautions, et
si on ne se retourne de bien des manières, il
est difficile de dégager les deux limes de dessus
le support, sans briser quelqu'une de ces trois
pièces. Le moyen qui a été employé pour les
tenir unies, et en même temps ce qui étoit
essentiel, pour que les limes pussent jouer
alternativement, pour que la pointe de l'une,
pût être portée par dolà la pointe de l'autre, et
ramenée ensuite en arrière ; ce moyen, dis-je,
est le même que celui auquel nous avons journellement recours dans divers ouvrages de
menuiserie. Nous avons des boîtes dont le dessus
se tire, parce qu'il a des languettes qui entrent

(1) Voir pl. IV, fig. 20, *lp*, *sp*.

dans des coulisses taillées près du bord supérieur
de la boîte. Nous avons des tiroirs qui sont
aussi à coulisses ; enfin nous faisons beaucoup
d'autres ouvrages à coulisses et à languettes.
Quand on examine, avec une loupe forte, la
tranche de la pièce d'assemblage, et celle de
ses faces, qui est couverte par les tiges des
deux limes, et quand on examine la cavité
des tiges de ces limes, on découvre sur les
unes et sur les autres, tout ce qui est nécessaire pour produire un engrainement exact,
on découvre sur les unes et sur les autres
de ces pièces et coulisses et languettes, et
autant qu'il en faut pour rendre l'assemblage
sûr (1). Il est d'ailleurs exécuté avec la précision qui rend le jeu aisé. Nous ne sommes
pas étonnés que des pièces, qui échappent
presque à nos yeux par leur petitesse, soient
si parfaitement travaillées, quand nous pensons
quelle est la main qui les a faites. Il ne m'a

(1) Cette curieuse observation nous prouve que nos
ouvriers les plus habiles, n'ont fait qu'imiter, sans qu'ils
s'en doutent, les ouvrages de la nature.

paru y avoir qu'une coulisse pour chaque tige
de lime sur la face de la pièce d'assemblage
contre laquelle les deux limes sont appliquées ;
mais sur la tranche de la même pièce, on
apperçoit, de chaque côté, deux coulisses séparées par deux languettes. Les entailles et
les reliefs de cette pièce déterminent, et les
reliefs et les entailles qui doivent être dans les
tiges creuses des limes, et qu'on y voit lorsqu'on
cherche les positions les plus propres à les
rendre sensibles.

» Il y a une meilleure manière encore, que
celle dont nous avons parlé, de reconnoître
combien cet assemblage est parfait, et cependant
combien le jeu des limes est libre ; c'est de
couper une tarière avec des ciseaux assez près
de sa base. On la prend ensuite entre les deux
doigts d'une main, ou, si on l'aime mieux, entre
les deux branches d'une pince. On la saisit de
manière que la pression n'agisse que sur la
tige d'une des limes, sur une moitié de la
largeur de la tarière. Alors, soit avec deux
doigts seuls, si on en a d'assez adroits, soit

avec une épingle on pousse vers la pointe de l'instrument la lime qui n'est pas pressée; elle cède sans opposer de résistance à la petite force qui tend à la mouvoir; elle va aussi loin qu'on veut par delà la pointe fixe, toujours parallèle à elle-même. On la ramène ensuite avec la même facilité dans sa première position, et on l'en retire après, si l'on veut, pour la faire aller du côté opposé au premier (1), vers celui qui étoit le plus proche de la base de la tarière. Pendant ces mouvements, elle ne s'écarte jamais ni à droite ni à gauche, et elle laisse à découvert les parties de la pièce d'assemblage desquelles on la contraint de s'éloigner. Lorsqu'elle est dans son état ordinaire, on reconnoît aisément que la moitié de la face inférieure, de la pièce d'assemblage, est entièrement recouverte par une des limes, et que chaque lime recouvre de plus un des côtés, ou la tranche de cette pièce, mais sans la déborder, et sans se recourber sur la face supérieure; ce qui appartient à la pièce d'assemblage est

(1) Voir pl. IV, fig. 15, *p*, *l*.

d'autant plus aisé à distinguer, que cette pièce est très-noire, pendant que les tiges des limes sont châtain. L'endroit de chaque tige d'où part une lime, a une espèce d'appendice employé à cacher la moitié de la partie faite en fer de pique. La face supérieure de la pièce d'assemblage, celle qui est toute entière à découvert, a tout du long une arête ; elle est faite un peu en dos d'âne.

» La base de chaque lime est assemblée avec une pièce cartilagineuse, ou plutôt écailleuse, comme la lime elle-même ; ou, si l'on veut, la base de chaque lime se courbe, et forme une espèce de queue. Ces deux pièces, ces deux queues sont égales et semblables ; elles sont l'une et l'autre larges et épaisses. La longueur de chacune est environ celle du quart de la circonférence du septième anneau, sous lequel ces pièces sont cachées en certains temps. Mais ce qu'on doit le plus remarquer par rapport à leur position, c'est que chacune d'elles fait un angle avec une lime, au point où elle lui est jointe ; et que, dans l'état ordinaire, ce point de jonction est plus éloigné du derrière de la cigale, que ne l'est le bout de la pièce. Il suit de cette disposition, que lorsque ce bout est forcé par des muscles à descendre un peu, et en même temps à s'avancer un peu vers le corcelet, la lime, à laquelle cette pièce tient, est obligée au contraire d'avancer vers le derrière. Ainsi, chacune des limes peut alternativement être poussée vers le derrière, et être retirée en avant par le mouvement alternatif de la solide queue cartilagineuse à laquelle elle tient.

» C'est au moyen de ce jeu alternatif des deux limes, que la cigale vient à bout de percer dans le bois, les trous dans lesquels elle veut loger ses œufs........ »

Nous allons dire, en peu de mots, par quels moyens les cigales percent les trous qui doivent servir à déposer leurs œufs.

La prévoyante cigale ne perce que des branches mortes et sèches, qui tiennent encore à l'arbre, parce que la sève et l'humidité des branches vertes nuiraient à ses œufs. Elle fait, en même temps, par un procédé très - ingénieux, le trou avec son couvercle. Pour cela, elle commence à détacher, et soulever les fibres superficielles de la partie de la branche qu'elle veut percer; elle a le soin de ne les couper que par l'une de leurs extrémités, et de les laisser attachées au bois par l'autre. C'est sous ce petit bouquet de fibres que la mère introduit sa tarière pour percer jusqu'à ce qu'elle ait atteint la moelle du bois. Arrivée à la moelle, elle ne la quitte plus, et continue de percer autant que la tarière peut s'allonger; ensuite elle dépose, dans le petit canal qu'elle a fait, huit à dix œufs, toujours un peu séparés les uns des autres, pour que les petites larves qui doivent en sortir ne soient pas trop à l'étroit. C'est après cette opération que la cigale bouche l'entrée de chaque trou, en rabattant le petit paquet de fibres dont nous avons parlé.

Ces insectes pondant jusqu'à sept cents œufs,
il en résulte qu'ils ont à creuser, pour une
ponte complète, au moins soixante trous.
Nous devons conclure de ce fait que l'honneur d'être mère d'une famille aussi nom-
breuse, exige un prodigieux travail qui ne
pouvait s'effectuer qu'avec une scie aussi
admirablement organisée que celle que l'Auteur de la nature a donnée à ces petits
animaux. Vers l'automne, il sort des œufs
de la cigale des petites larves blanches,
munies de six longues jambes. Les légers
couvercles, ménagés à leurs berceaux leur
permettant d'en sortir sans trop d'obstacle,
ces larves (1) douées d'un instinct qui les.

(1) Ces larves (Voir pl. **IV**, fig. 10) ont leurs deux
premières jambes organisées parfaitement, pour piocher
et ouvrir la terre, dans laquelle elles pénètrent jusqu'à
un mètre de profondeur, pour être à l'abri des rigueurs
de l'hiver. Au printemps suivant, ces jambes les aident
encore à quitter la terre, à grimper après les arbres, à
s'accrocher aux feuilles, à l'aide de leurs oncles longs et
crochus, jusqu'à ce qu'elles se métamorphosent en cigales

instruit qu'elles doivent vivre de la sève des racines, se laissent tomber des branches sur lesquelles elles ont pris naissance, et pénètrent dans la terre, pour y vivre jusqu'à leur changement en nymphe. Elles ont déjà, sous cette forme, le suçoir qu'elles possèdent à l'état d'insecte parfait; ce suçoir composé de trois pièces solides et d'un fourreau prouve que les cigales ne vivent pas de rosée, comme on l'a cru anciennement.

parfaites. N'oublions pas, en parlant de ces larves, de dire que les Grecs servaient sur leurs tables les nymphes des cigales, et qu'Aristote a déterminé le temps où elles étaient excellentes : *Quo tempore,* a dit ce philosophe, *gustu suavissimæ sunt, antequam cortex rumpatur.* On mangeait les cigales mêmes et l'on préférait les femelles, lorsqu'elles avaient le ventre plein d'œufs.

LES TENTHRÈDES,

OU MOUCHES A SCIE,

(TENTHRÉDO, Lin., HYLOTOMA, Latr.)

HYLOTOME DU ROSIER (*HYLOTOMA ROSÆ*, Latreille),

ORDRE DES HYMÉNOPTÈRES,

FAMILLE DES PORTE-SCIE;

Première tribu, les Tenthrédines.

> La propagation de l'espèce étant une des vues des plus importantes de la nature, pour la conservation de cet univers, cette sage mère y a pourvu dans tous les animaux d'une manière admirable, tant par la composition, que par la variété des instruments qu'elle y a destinés.
>
> L'abbé BAZIN.

Vénérons la mémoire des Vallisniéri et des Réaumur, dont les curieuses observations nous ont fait connaître les mystères de l'organisation de la scie des tenthrèdes, et l'industrie admirable que développent leurs larves en construisant leurs coques. Il ne fallait rien moins que les savantes découvertes de ces deux célèbres naturalistes, pour nous intéresser à l'étude de ces insectes qui, malgré leur air stupide, lourd, et leurs formes peu gracieuses, peuvent être considérés comme un petit chef-d'œuvre de la création. Les scies qui servent à planter leurs œufs dans les tiges des rosiers et autres arbustes, sont les instruments les plus admirables que la nature ait accordés aux insectes, et les coques que font leurs larves sont d'une structure extrêmement curieuse. Désirant faire partager à nos lecteurs le plaisir que nous avons éprouvé nous-mêmes, la première fois que nous nous sommes occupés des mystérieuses scies des hylotomes du rosier, nous recommandons à leur attention l'extrait plein de charme et d'intérêt que nous reproduisons (1).

(1) Les figures surtout que l'on a ordinairement la

14*

« Mais cessons de nous arrêter à de si petites variétés, il vaut mieux faire considérer une partie qu'on trouve à toutes les femelles, qui ne sauroit manquer de paroître admirable, même à ceux qui savent le moins admirer, dès que sa structure leur sera connue.

» Les mouches femelles de nos fausses chenilles sont ovipares ; les œufs que pondent plusieurs espèces de ces mouches, et les seuls œufs que nous considérerons actuellement, demandoient à être logés dans des entailles faites dans le bois, ou dans d'autres parties d'arbustes vivants. La mouche a été pourvue d'un instrument qui la met en état de faire ces entailles. Cet instrument est une véritable scie, qui ne diffère de celles dont nous nous servons pour couper le bois, qu'en ce qu'elle est de corne, au lieu que les nôtres sont d'acier, et qu'en ce qu'elle est faite avec beaucoup plus d'art que

mauvaise idée de supprimer dans les ouvrages élémentaires, doivent avoir, si nous ne nous abusons pas, tout l'attrait de la nouveauté, aux yeux mêmes de beaucoup de personnes déjà versées dans les sciences naturelles.

les nôtres. Nos scies ordinaires sont des lames coupées quarrément, sur un des longs côtés desquelles les bases des dents sont arrangées en ligne droite ; mais on oblige la pointe de chaque dent à s'écarter un peu de cette ligne, et à s'en écarter alternativement dans un sens opposé ; je veux dire, que si une dent s'incline vers la droite, celle qui la suit s'incline vers la gauche, celle qui vient après la précédente, s'incline vers la droite, et ainsi de suite. Delà il arrive que les pointes de la moitié des dents de la scie se trouvent sur une ligne, et les pointes des autres dents sur une autre ligne peu distante de la précédente. L'intervalle, qui est entre ces deux lignes, est ce qu'on appelle la voie de la scie. Les parties du corps que l'on scie, qui se rencontrent dans cet intervalle, dans la voie de l'instrument, sont celles qui doivent être réduites en grains, en sciure. On tient cette voie d'autant plus étroite que la scie est plus mince, et qu'on veut moins perdre des parties du corps qu'on prétend diviser. Quand les ébénistes ont à refendre en feuilles minces

des bois précieux, ils y emploient des scies qui
ont très-peu de voie, au lieu que les scieurs
de long qui fendent de gros arbres, qui en
tirent des planches, ont d'épaisses scies, et dont
la voie est considérable. Les scies de nos mouches étant extrêmement fines, n'ont pas besoin
d'avoir des dents beaucoup dévoyées; mais la
manière dont ces scies doivent agir, demandoit
que les bases des dents ne fussent pas placées,
comme celles des nôtres, sur une ligne droite.
Le côté, ou au moins une grande partie du côté
sur lequel elles sont rangées, est un peu concave, à peu-près comme l'est le tranchant d'une
faulx (1); la scie se termine par une pointe,
et nous verrons qu'elle devoit se terminer de
la sorte. Elle n'est pourtant pas concave dans
toute sa longueur; les dents (2) les plus proches
de l'origine de la scie, sont posées sur une
ligne convexe: de sorte que le côté d'où partent
les dents de la scie, est contourné comme le
sont les lignes qui ont un de ces points que les
géomètres appellent point d'inflexion; un de

(1) Voir pl. IV, fig. 18, z, d.   (2) *Idem, id., d.*

ces points qui sépare une portion concave d'une portion convexe.

» Lorsque nous voulons qu'un seul homme puisse faire agir une scie, et qu'il le puisse d'une seule main, nous mettons un manche à un des bouts de la scie, semblable à peu-près à ceux des couteaux. La scie de nos mouches est mise en mouvement, comme le sont nos scies à manche. Des tendons (1) presque écailleux, attachés à son origine, lui tiennent lieu d'un manche ; des muscles agissent pour la pousser en avant, et la retirer en arrière comme agit la main de l'ouvrier qui fait travailler la scie à manche. Mais la main ne fait agir à la fois qu'une de ces sortes de scies, et nous n'avons garde d'oublier de dire que, quoique nous n'ayons parlé encore que d'une scie de notre mouche, elle en a deux égales (2) et semblables, qu'elle met en mouvement en même temps.

» Le secret de faire agir plusieurs scies à la fois ne nous est pas inconnu. Nos ouvriers,

(1) Voir pl. IV, fig. 18, *t*, *x*.
(2) *Idem*, fig. 18, *zdt*, *asx*.

les ébénistes entr'autres, ont quelquefois deux
ou trois feuilles de scie montées sur un même
châssis ; l'ébéniste tenant ce châssis à deux
mains, fait agir à la fois toutes les scies qui
y sont montées. Mais nos mouches font en ce
genre quelque chose que nous ne savons pas
faire ; les scies du même châssis vont toutes
dans le même sens, toutes sont portées à la
fois en avant ou en haut, et toutes sont à la
fois ramenées en arrière ou en embas, au lieu
que dans le même temps où la mouche pousse
en avant une de ses scies, elle retire l'autre
en arrière. Il est encore à remarquer que l'ouvrier qui emploie plusieurs scies à la fois, les
emploie pour faire un nombre d'entailles égal
à celui des scies, au lieu que les deux scies de
la mouche travaillent en même temps à agrandir
la même entaille ; elles font l'office d'une scie
dont la voie seroit très-grande.

» Ces deux scies étant très-minces, et destinées à déchirer des fibres ligneuses, ont besoin
d'être maintenues pendant qu'elles sont dans
l'action, afin qu'il ne leur arrive pas de se

courber ou de s'écarter l'une de l'autre. La nature a prévu à tout; le dos de chaque scie est logé tout du long dans une coulisse (1) formée par deux pièces écailleuses, comme l'est souvent la coulisse des lames des couteaux à ressort. Ces deux pièces deviennent de plus en plus étroites à mesure qu'elles s'éloignent de leur base, comme la figure des scies le demandoit. Elles sont épaisses, et convexes en dehors ; elles ont de plus des cannelures dirigées comme celles des colonnes torses ; elles sont assemblées par une ou plutôt par plusieurs membranes très-solides, capables pourtant de se plisser, et par conséquent de permettre aux lames écailleuses de former une coulisse un peu plus ou un peu moins large. M. Vallisniéri n'a pas pensé que l'unique usage de ces membranes fût de maintenir les lames écailleuses, il a observé qu'elles formoient deux canaux, dont il a cru l'un destiné à conduire les œufs hors du corps de la mouche.

» Les dents des scies de nos mouches sont

(1) Voir pl. IV, fig. 18, cr.

elles-mêmes dentelées (1). Chaque grande dent
est une suite de dents très-petites. Nous ne
devons pas être surpris que les instruments qui
ont été accordés à des insectes soient supérieurs
aux nôtres, et plus travaillés, quand nous nous
rappellons de qui ils les tiennent.

» Outre les particularités que nous avons
remarquées ci-dessus aux scies de cette mouche,
et qui manquent aux nôtres, elles en ont encore
une qui ne doit pas être oubliée. Chaque scie
n'est pas seulement une scie, elle est en même
temps une rape, ou une lime d'une structure
singulière. Les rapes ont des usages plus im-
portants que ceux de réduire en poudre du
tabac ou du sucre; elles servent à applanir les
surfaces trop raboteuses des corps les plus durs,
des pierres, des métaux. Les scies n'ont des
dents qu'à leur tranchant, pour ainsi dire, au
lieu que les rapes ont de longues et larges
surfaces tout hérissées de dents. Nous n'avons
point encore réuni dans le même instrument la
scie et la lime, ou la rape, et l'une et l'autre

(1) Voir pl. IV, fig. 9, s, d, d, d.

se trouvent réunies dans chacun des instruments qui ont été donnés à nos mouches pour entailler le bois. Outre les dents qu'ils ont disposées comme celles des scies ordinaires, ils ont sur une de leurs larges faces, sur l'extérieure (1), un nombre considérable de dents beaucoup plus fines, et qui ne le cèdent guères aux autres en longueur, si elles le leur cèdent; qui toutes sont dirigées vers l'origine de l'instrument, et un peu inclinées vers les grosses dents de la scie. Chacune de ces dents longues et déliées, a quelqu'air de celles des peignes; de sorte qu'il semble que plusieurs peignes ont été appliqués les uns au-dessous des autres sur la surface extérieure de chaque scie. Ces différentes suites de dents composent une lime ou une rape qui est ajoutée à la scie; mais une rape ou une lime fort différente de celles qui jusqu'ici ont été taillées par nos ouvriers. » (2)......

(1) Voir pl. IV, fig. 9, *p, p, p.*

(2) Bacon a dit : *Un peu de science éloigne de la religion, beaucoup de science y ramène.* Personne ne pourra contester la vérité de cette maxime ; il suffira d'en faire l'application à ce que nous avons appris sur

« Si l'on est curieux de voir une de nos mouches à scie occupée à pondre, c'est donc sur tout celles qui aiment les rosiers, qu'il est commode d'épier. On y en peut trouver en différentes saisons de l'année ; j'y en ai vû au printemps, vers la mi-mai ; et j'y en ai vû

la structure étonnante des tarières des cigales et sur celle des mouches à scie. Qu'on lise, par exemple, dans un ouvrage élémentaire d'Histoire naturelle, cette courte description : « *Les cigales et les mouches à scie femelles sont pourvues de tarières pour percer les tiges des plantes, afin d'y déposer leurs œufs.* » On peut déjà, à la vérité, entrevoir une intention providentielle dans ce fait acquis à la science ; mais il faut avouer (d'après ce que nous avons éprouvé nous-mêmes) que l'impression que produira une pareille lecture sera bien faible, et qu'elle devra promptement s'effacer de la mémoire. Si, au contraire, on lit, avec réflexion (comme nous supposons que tous nos lecteurs l'ont fait), tous les détails scientifiques que nous venons de publier sur les admirables tarières, si bien analysées par Réaumur, il en résultera une de ces impressions qui nous pousseront à vénérer l'auteur de machines aussi sublimes, une de ces impressions si bien gravées dans l'âme que rien ne pourra plus nous la faire oublier : nous aurons toujours présentes à la pensée, toutes ces pièces si petites et si bien combinées entre elles, toutes ces variétés de tarières si bien appropriées, à l'usage que l'insecte doit en faire.

dans tout le mois d'août, et même dans les premiers jours de septembre. La mouche que j'y ai observée le mieux, et un plus grand nombre de fois, a la tête et le corcelet noirs. Le côté extérieur de chacune de ses ailes est aussi bordé de noir dans presque toute sa longueur; son corps est d'un jaune qui tire sur l'orangé; ses jambes sont du même jaune, elles ont seulement deux jarretières ou points noirs. Quand, dans de beaux jours, vers les dix heures du matin, on verra sur le rosier des mouches de cette espèce, ou de quelqu'autre espèce du même genre, qu'on s'attache à les suivre des yeux, et on parviendra aisément à avoir le plaisir d'en observer quelqu'une dans l'opération. Heureusement, comme nous l'avons déjà dit, ces mouches sont lourdes, paresseuses et elles semblent stupides; ou, pour traiter mieux des mouches si singulières par leur industrie, elles sont très-peu farouches; elles le sont moins qu'on n'oseroit le désirer; pourvu qu'on ne fasse pas de grands mouvements, on peut les regarder de tout aussi près qu'on le veut. Je les ai souvent observées avec des loupes qui n'avoient pas trois à quatre lignes de foyer, sans les déranger dans leur travail ; et elles l'ont souvent continué, quoique, pour les mieux voir, je déplaçasse certaines branches, mais à la vérité, je les déplaçois le plus doucement qu'il m'étoit possible. La mouche, prête à pondre, se promène de branche en branche, elle en parcourt plusieurs avant que de se déterminer pour une place ; celle qu'elle choisit, est ordinairement à quelque distance du bout de la branche, mais pourtant beaucoup plus près de ce bout que de l'origine ; la tête de la mouche est alors tournée en embas. Quand la mouche s'est arrêtée dans un lieu qui lui a paru convenable, elle recourbe un peu son corps en-dessous (1). Qu'on soit attentif dans ce moment, et bientôt on appercevra la pointe de la double scie, de la scie composée de deux feuilles. Une plus longue portion de cette scie, ne tardera pas à paroître ; dans un instant, la mouche la fait sortir presque toute entière de l'espèce d'étui où elle étoit

(1) Voir pl. IV, fig. 8.

renfermée et couchée ; en la faisant sortir elle
la redresse, de façon qu'elle l'amène à être
presque perpendiculaire à la petite branche dans
laquelle elle la veut faire pénétrer. Ce n'est que
dans le moment où la scie a été mise dans la
position convenable, qu'on la peut voir toute
entière, car sa pointe n'a pas plutôt touché
l'écorce de la branche, qu'elle s'enfonce dedans.
La mouche, qui est cramponnée sur ses jambes,
appuie son ventre sur la base de l'instrument,
elle la presse de toute sa force. Dans ce premier
instant, elle n'agit sur l'instrument que pour le
piquer dans le bois, que pour y engager sa
pointe, que pour le mettre dans l'état où il doit
être pour que les dents des scies trouvent prise ;
celles-ci peuvent bientôt agir avec succès, bientôt
une plus longue partie de l'instrument se cache
dans le bois, il s'y enfonce de plus en plus ;
enfin, en moins d'une minute, il parvient à y
entrer presque tout entier. Le ventre de la
mouche, qui d'abord étoit éloigné de l'écorce,
de toute la longueur de la scie, s'en approche
jusqu'à s'appliquer contre cette même écorce.

15*

» Pour voir tout ceci, on n'a besoin de donner aucun secours à ses yeux ; mais si on leur donne celui d'une loupe forte, et si on cherche à se placer dans une position favorable pour bien observer tout ce qui se passe, on parviendra aisément à voir que ce n'est pas la simple pression de la mouche qui fait pénétrer l'instrument dans le bois. On verra, et on verra avec plaisir le jeu alternatif des deux scies. On verra qu'il y en a une qui est poussée dedans le bois, pendant que l'autre est retirée vers l'écorce ; et on verra même que ce mouvement est produit par celui des tendons ou cartilages, auxquels chaque scie est assujettie.

» La mouche n'introduit pas son instrument dans la tige du rosier précisément pour l'y introduire, et simplement pour fendre cette tige ; elle l'y introduit pour y faire une cavité propre à loger un œuf assez gros, qu'elle veut y laisser. Si on fait attention à la manière dont cet instrument doit agir pour pénétrer dans la tige, on verra pourquoi il convenoit qu'il eût bien des particularités que n'ont pas les instruments que

nous employons à des usages qui nous semblent
avoir du rapport avec celui que la mouche fait
du sien. Nos scies pour scier un morceau de
bois, soit de long, soit de travers, n'ont pas
besoin d'êtres pointues, elles peuvent mordre
d'abord contre la surface sur laquelle elles sont
appliquées ; elles ne pourroient servir qu'à faire
dans le bois une coulisse égale partout. Mais
ce n'étoit pas la figure qu'il convenoit que la
mouche donnât à l'entaille qu'elle doit faire.
Cette entaille ne devoit pas être partout éga--
lement large et également profonde ; l'œuf, qui
sera laissé dedans, doit non-seulement y être
reçu, il y doit être à couvert. La mouche pour
faire son entaille, dirige son instrument à peu-
près comme un chirurgien dirige sa lancette
pour ouvrir un vaisseau, elle l'enfonce d'abord
presque perpendiculairement, et l'en retire dans
une direction oblique. Les deux scies de la
mouche avoient donc besoin d'être pointues
par le bout, ce qui n'est pas nécessaire aux
nôtres. Il falloit que leurs bouts pussent s'introduire dans l'écorce et dans les fibres ligneuses,

comme s'y introduisent des instruments tranchants. Les dents des scies sont en état de couper
les fibres qu'elles rencontrent; mais ces deux
scies si prodigieusement minces, et qui ont
chacune une voie extrêmement étroite, n'auroient pu ouvrir une cavité suffisante. La face
extérieure de chaque scie a été faite en rape
pour suppléer à ce qui manque à la voie et
à l'épaisseur des deux scies : lorsqu'une des
scies est retirée vers l'écorce, les dents déchirent
les fibres qu'elles rencontrent.

» Nous avons dit que quand la mouche veut
commencer à faire sortir sa scie de l'étui où elle
est ordinairement logée, et que, quand elle
l'applique contre l'écorce, elle tient son corps,
son derrière recourbé vers la branche ; nous
devons ajouter que dès que les scies ont pénétré
à une certaine profondeur, que lorsqu'il s'agit
moins de rendre l'entaille plus profonde que de
la rendre plus longue, la mouche redresse son
corps, en le redressant elle l'appuie sur la scie
dans l'inclinaison propre à le faire avancer vers
le derrière.

» Après avoir admiré le jeu des scies d'une mouche qu'on a observée avec une loupe ; après avoir vu leurs progrès, et les avoir vu pénétrer aussi avant qu'elles le peuvent, tout mouvement semble s'arrêter dans les tendons des scies, tout paroit en repos. Ce moment est celui où l'entaille a été rendue telle qu'elle devoit être, celui où la mouche fait sortir de son corps l'œuf pour le mettre dans la place qu'elle lui a préparée. Après un instant de repos, la mouche retire tout d'un coup de l'entaille la plus grande partie de l'instrument, elle n'y en laisse que le bout, moins du tiers de sa longueur ; dans cet instant même, il y a encore à observer. J'ai vu alors une liqueur mousseuse, une liqueur pleine de bulles, telles que celles du savon, s'élever jusqu'au bord extérieur de l'entaille. J'ai vu même quelquefois des bulles poussées au-delà du bord. Si on entaille un rosier de quelque manière que ce soit, on se convaincra aisément qu'en aucun temps, il ne sauroit fournir sur-le-champ une si grande quantité de sève mous- seuse, et les mois d'août et de septembre sont de ceux où il en donneroit le moins. Il paroîtra donc certain que cette liqueur a été fournie par la mouche, qu'elle en arrose son œuf. Cette liqueur est au moins gluante, et M. Vallisniéri, à qui elle n'a pas échappé, croit que la mouche l'emploie pour espalmer la plaie faite au rosier, pour l'empêcher de se fermer. Il y a grande apparence qu'elle sert à conserver l'œuf, et à empêcher les fibres hachées sur lesquelles il est posé, de se corrompre trop vite » (1).

(1) Pour compléter les détails donnés par Réaumur, concernant la ponte de la mouche à scie, nous ajouterons qu'elle fait jusqu'à vingt-quatre entailles à la file les unes des autres ; que ces entailles qui, d'abord, ne sont que de très-petites fentes, deviennent au bout de quelques jours proéminentes, et qu'elles doivent leur accroissement à ce que les œufs des mouches à scie jouissent de la singulière propriété de croître journellement. La mouche, comme si elle savait ce qui doit arriver, a la sage précaution de laisser un intervalle entre deux endroits entaillés, afin qu'ils puissent se gonfler sans empiéter l'un sur l'autre. Les larves de ces mouches se font des coques admirables ; elles sont de deux tissus différents : celui qui est extérieur est un réseau à larges mailles, semblables au filet d'un pêcheur ; l'intérieur est un tissu très-serré dont le dedans est extrêmement doux, poli, et fait pour ménager la délicatesse de la nymphe. Ces deux

. . . .

. . . .

tissus n'ont rien de commun, entre eux : ce sont littéralement deux coques l'une dans l'autre ; la coque extérieure n'est faite que pour la défense de l'autre ; car la coque intérieure, quoique d'un tissu serré, est molle et ne pourrait opposer qu'une faible résistance au choc des corps étrangers ; celle du dehors, au contraire, quoiqu'à larges mailles, est faite de très-gros fils de soie, et est très-ferme ; il est difficile de la faire plier avec le doigt, et lorsqu'on l'a comprimée fortement, si l'on cesse de la presser, elle reprend sa première forme, par son élasticité.

On voit que, dans la construction de ces coques, tout a été prévu par ces insectes, pour se garantir de l'attaque de leurs ennemis.

LES SARCOPHAGES

(SARCOPHAGA, Meig., MUSCA, Latr., Fabr.)

LA MOUCHE VIVIPARE. (*MUSCA CARNARIA*, Linnée.)

ORDRE DES DIPTÈRES,

FAMILLE DES ATHÉRICÈRES.

> Et qu'est-ce en comparaison de certaines mouches vivipares, qui font jusqu'à vingt mille petits d'une seule ventrée, et dont par conséquent une seule mouche, en supposant le nombre des femelles égal à celui des mâles, pourrait fournir à la troisième génération une postérité de deux mille milliards ?
>
> LYONET.

Lorsque nous avons donné l'histoire des abeilles, nous avons déjà dit quelques mots de l'étonnante fécondité de leur reine ; la mouche vivipare va nous fournir un nouvel exemple de cette prodigieuse fécondité, commune à plusieurs espèces d'insectes.

Nous aimons d'autant plus à relater des faits de ce genre, qu'ils viennent prêter un nouvel appui à l'opinion que nous avons émise dans le commencement de cette publication : que l'histoire des insectes est remplie de faits merveilleux, et qu'elle prouve, mieux que celle de toute autre classe d'animaux, la sagesse et la puissance de Dieu. En effet, il est évident que si l'Auteur de la nature a seulement fait éclater sa puissance dans la création de cette multitude presque infinie d'insectes ; on est forcé de reconnaître sa sagesse suprême dans cette proportion constante et invariable qu'il a su conserver entre les différentes espèces ; dans cette sage direction qui, si elle n'existait pas, détruirait l'équilibre si nécessaire, pour que certaines espèces ne se multiplient pas au point de produire des dégâts affreux.

Comme nous nous proposons de revenir ailleurs sur les parties de l'histoire des mouches qui présentent le plus d'intérêt, nous allons seulement donner ici les passages de Réaumur, qui traitent de l'incroyable mulplication des mouches vivipares :

« La partie que nous considérons, ne paroît d'abord que comme une espèce de cordon, parce qu'on la voit par la tranche ; mais si on la tire de place, si on la déplie, on voit qu'elle est une sorte de ruban (1), ou plutôt une lame plate, mais épaisse, et pourtant bien plus large qu'épaisse, et qu'elle est roulée comme le sont ces lames d'acier, dont les montres tirent le principe de leur mouvement. Tout le travail dont cette lame paroît ornée, est dû aux fœtus qui y sont, ou plutôt dont elle est composée ; car elle n'est presque qu'un assemblage de petits vers arrangés les uns à côté des autres, et les uns au-dessus des autres, et tous parallèles les uns aux autres, autant que les circonvolutions de la lame le permettent ; ils le sont au moins lorsqu'elle est dépliée et étendue. L'épaisseur

(1) Voir pl. IV, fig. 4.

de la lame est précisément égale à celle d'un
des fœtus. Ils ont chacun un de leurs bouts sur
une de ses faces, et l'autre bout sur l'autre.
Ce sont ces bouts des fœtus qui forment de
chaque côté sur le plat de la lame les petits
reliefs qui y paroissent si bien travaillés. Lorsqu'on ne voit la lame que par sa tranche, elle
y semble cannelée avec bien de l'art. Les vers
oblongs, presque cylindriques, et posés à côté
les uns des autres, forment ces cannelures. On
ne parvient point à mettre l'intérieur de la
mouche à découvert, sans causer quelque dérangement dans le tour extérieur de cette lame,
et même dans quelques-uns des autres tours,
et c'est de là qu'il arrive qu'on voit en même
temps quelques endroits marqués de tubercules
ronds, d'autres qui ont des cannelures annulaires, et d'autres qui en ont de torses.

» Si on a bien ménagé tout, en relevant la
pièce qui recouvroit le ventre, une portion de
notre lame ou de la matrice sera restée attachée
à cette pièce ; cette portion est étendue en ligne
droite, et il est aisé de juger que lorsque tout

étoit en place, la lame, après avoir fait son dernier tour, et après être arrivée assez près du corcelet, prenoit sa route en ligne droite vers l'anus, auprès duquel elle se terminoit.

» Cette matrice a à peu-près le même volume et les mêmes dimensions dans les deux grosses espèces de mouches qui ont une tache feuille-morte à l'origine de leurs ailes. Après avoir déplié celle d'une de ces mouches, je l'ai mesurée, assez grossièrement pourtant : je lui ai trouvé plus de deux pouces et demi de longueur, ce qui est considérable par rapport à la longueur du corps de la mouche qui n'a qu'environ quatre lignes. Ce n'a pas été seulement dans la vue de connoître le rapport de la longueur de la matrice à celle du corps, que je l'ai mesurée ; la quantité des vers qui y étoit contenue, m'a paru être si considérable, que j'ai été curieux de sçavoir en gros à quoi elle pouvoit aller.

» Pour cela j'ai compté combien il y avoit de vers placés les uns sous les autres dans la largeur de la lame, et j'y en ai trouvé vingt ; sur une longueur de la même lame d'environ trois lignes, j'ai compté cent vers, ainsi il y avoit deux mille vers dans cette longueur de trois lignes. Or, puisque la matrice avoit au moins deux pouces et demi de long, et qu'elle contenoit partout à peu-près une égale quantité de vers, cette matrice, qui avoit dix fois trois lignes de longueur, logeoit dix fois deux mille ou vingt mille vers (1).

» Malgré leur extrême petitesse, les vers contenus dans la matrice sont aisés à reconnoître pour des vers, dès qu'ils sont mis à découvert dans quelqu'endroit déchiré : avec les secours d'une loupe forte, non-seulement on distingue leurs anneaux, on voit encore mieux de petits

(1) Voici quelques exemples de lignées prodigieuses observées chez les insectes :

La reine abeille donne, par an, environ...........			48 000 petits
La teigne prolétaire	id.	—	200 000
La teigne de Lyonet	id.	troisième génération.	1 000 000
La teigne de Dégar	id.	id...........	4 000 000
La mouche vivipare	id.	id...........	2 000 000 000

Un puceron lanigère, selon M. Tougard, fournit dix générations vivipares par an, et une ovipare. Chaque génération produit terme moyen *cent*, ce qui donne, à la dixième génération, le chiffre incroyable de *un quintillion*.

traits noirs qu'ils ont à un de leurs bouts, à celui où est la tête, et qu'on juge être les crochets qui sont propres à tant d'espèces de vers de la première classe. Les vers qui sont dans la partie de la matrice qui est blanche, sont moins prêts d'être à terme que les autres.

» Nous ne saurions nous empêcher d'admirer la prodigieuse fécondité qui a été accordée aux mouches de cette espèce. Ce que nous devons admirer ensuite, c'est que, malgré une fécondité si étonnante, ces sortes de mouches ne soient pas plus communes que d'autres qui leur ressemblent, et dans les ovaires desquelles on ne trouve que deux œufs. Les vers des premières ont été destinés apparemment à nourrir d'autres insectes auxquels il en échappe très-peu.

» On connoîtroit mal l'appareil que la nature est obligée d'employer pour faire croître les fœtus dans le corps de leur mère, si, sur le premier rapport des yeux, on jugeoit que cette lame, qui occupe une si grande partie de la cavité du corps des mouches vivipares, n'est, comme elle le paroît, qu'un assemblage de vers arrangés

avec beaucoup d'ordre les uns à côté des autres ,
et les uns sur les autres ; si on croyoit que les
vers s'y touchent immédiatement, qu'ils y sont
à nu ; chaque ver y doit avoir son enveloppe ,
et chaque ver l'a. Toute mince qu'elle est, on
parvient à la voir en différentes circonstances
et par différens moyens. Lorsqu'on ouvre une
mouche qui est à terme ou proche d'y être,
on détermine des vers à naître, et on voit les
efforts qu'ils font pour se tirer d'une membrane.
Cette membrane, qui étoit transparente quand
elle les recouvroit, quand ils s'en sont défaits,
est d'un blanc pareil à celui de ces toiles d'araignées qui voltigent en l'air dans les beaux jours
d'automne, et qu'on appelle de la filasse de la
Vierge. Les membranes blanches , que nous
avons dit être entraînées hors du corps d'une
mouche, dont les vers sortoient en foule, étoient
de celles dont nous parlons. Enfin si avec une
pointe fine , comme celle d'une très-petite
épingle, on fait des tentatives pour dégager
quelqu'un des vers du reste de la masse ou
de la lame, on reconnoît qu'il a une enveloppe ;

on réussit même à briser cette enveloppe, et
à en tirer le ver, sur-tout lorsqu'il a pris tout
son accroissement. Chaque ver a donc des enveloppes qui lui font une espèce de loge ou
de cellule qui est à lui seul (1); mais il est
difficile d'en sçavoir davantage sur ces espèces
de loges, de connoître mieux la structure de
cette matrice destinée à faire croître un si
prodigieux nombre de vers. Il y a beaucoup
d'apparence qu'elle n'est qu'un grand vaisseau
plié un nombre de fois égal à celui des vers
qu'elle contient; que le pli qui est à chacun
des bouts de chaque ver, fait la séparation
de sa cellule, de la partie du tuyau qui lui

(1) Vingt mille vers ou larves, renfermés dans vingt
mille cellules ; chaque ver, quoique étant au moins trente
mille fois plus petit que sa mère, pourvu de plusieurs
centaines de nerfs, de trachées et de muscles ; ce qui
donnerait pour les vingt mille, s'il était possible de compter des objets aussi déliés, le chiffre incroyable de plus
de vingt millions de pièces, renfermées dans la matrice
d'une mouche vivipare, qui n'a que quelques millimètres
de longueur ; ne serait-ce pas là un des plus magnifiques
spectacles qui pussent s'offrir à une vue assez parfaite,
pour scruter cette mystérieuse matrice ?

appartient, avec la partie du vaisseau qui appartient au ver qui le précède, et à celle qui
appartient au ver qui le suit. Nous avons vu
ailleurs que les œufs des mouches, quoique
contenus dans des vaisseaux, semblent à découvert, et que ces œufs oblongs forment de petits
paquets semblables à des paquets de baguettes
courtes, et cela par les plis des vaisseaux, ménagés et répétés; la disposition du canal qui
est la matrice de la mouche vivipare, ressemble
apparemment à la disposition des conduits des
œufs des mouches ovipares.

» Pour bien voir la forme de cette lame,
qui ne paroît qu'un assemblage de vers, pour
la voir dans son entier, et sans qu'il s'y soit
fait de dérangement considérable, il faut que
le temps où l'on cherche à la voir, ne soit
pas trop proche de celui où les vers doivent
naître; car les grandes blessures qu'on fait à
la mère, les commotions qu'on cause dans ses
parties intérieures, déterminent les vers qui ont
presque pris leur accroissement, à faire des
efforts capables de briser leurs enveloppes.

» Mais on trouvera quelquefois une matrice dérangée, et détruite même en grande partie, qu'on n'avoit pas lieu de soupçonner en cet état, et quoique le corps de la mouche ait été ouvert avec toutes les précautions nécessaires ; on trouvera le corps rempli de vers vivans qui se sont répandus dans sa capacité après avoir brisé leurs enveloppes. Ce fait est plus singulier qu'il ne le semble d'abord, et j'ai eu besoin de le voir bien des fois avant que d'être convaincu de sa réalité ; il prouve que ces vers ne naissent pas comme naissent les autres animaux ; dès que ceux-ci se sont tirés de la matrice, dès qu'ils se sont dégagés de leurs enveloppes, ils paroissent au jour ; au lieu que les vers de nos mouches vivipares ont, pour ainsi dire, à naître deux fois. Après leur première naissance ils se trouvent dans la capacité du corps de leur mère, et ils s'y tiennent pendant un temps dont j'ignore la durée, avant que de chercher et de rencontrer la porte qui les doit conduire à voir le grand jour, à naître pour la seconde fois. » ....

LES SYRPHIDES

(SYRPHIDŒ)

ORDRE DES DIPTÈRES,

FAMILLE DES ATHÉRICÈRES.

Eh! qui pourrait compter tous ces êtres sans fin
Qui changent d'élémens, de forme, de destin,
Qui naissent pour mourir, qui meurent pour renaître!
Venez, baissez les yeux; apprenez à connaître
Ce ver miraculeux, qui, dans trois temps divers,
Vit sur terre, dans l'onde, et vole dans les airs.

DELILLE, *les Trois Règnes.*

Les métamorphoses des insectes sont si variées et si curieuses à étudier, que nous saisissons avec empressement toutes les espèces qui nous en présentent de nouvelles à observer.

Les syrphides dont les larves ont été

nommées *vers à queue de rat*, ont de tout temps été remarquées à cause des mystérieuses transformations qui s'opèrent principalement dans leurs organes respiratoires (1).

Voici le résumé des observations de Réaumur auquel nous avons joint quelques notes :

« La plupart de ces vers sont caractérisés par une queue longue et rase, ce qui nous a déterminé à leur donner le nom de vers *à queue de rat* (2). Les naturalistes, qui ont le plus parlé de ces vers, ont ignoré l'usage et les singularités de cette queue. Quoiqu'on trouve de ces vers sur terre en certains temps, ce sont des vers aquatiques ; dès l'instant de leur nais-

(1) Pour bien saisir tout ce que ces métamorphoses ont d'extraordinaire, il ne faut pas négliger de comparer entre elles les figures qui représentent l'insecte sous ses différentes formes (Voy. pl. IV, fig. 2, 3, 4, 11, 12, 13, 17) et les explications à la fin du volume.

(2) Voir pl. IV, fig. 4.

sance, ils sont dans l'eau, ou dans des matières excessivement abreuvées d'eau, et c'est dans l'eau qu'ils prennent leur accroissement : mais, quoiqu'ils doivent vivre dans l'eau, ils ont besoin de respirer l'air, et leur queue est l'organe avec lequel ils vont le chercher au-dessus de la surface de l'eau. La queue y peut atteindre, quoique le corps en soit fort éloigné ; elle peut s'alonger considérablement, devenir longue de plus de quatre à cinq pouces (1). On a le plaisir

(1) Réaumur s'assura de cette singulière propriété, par un moyen fort simple, il mit dans un poudrier trente à quarante de ces larves, il y versa de l'eau jusqu'à ce qu'il y en eût cinq centimètres au-dessus de leur corps ; alors il jouit d'un petit spectacle auquel il était loin de s'attendre, et qui lui plut beaucoup : il vit toutes les queues des larves s'élever jusqu'à la surface de l'eau pour recevoir l'air qui doit servir à la respiration de ces insectes. Toujours le même quand il s'agit de suivre une observation jusque dans ses dernières conséquences, il éleva graduellement le niveau de l'eau par des arrosements successifs jusqu'à treize centimètres de hauteur, et remarqua que, chaque fois que la surface de l'eau s'élevait, les larves élevaient dans les mêmes proportions le bout de leur queue. Il observa, avec une nouvelle satisfaction, que l'Auteur de la nature avait eu l'attention de fixer cinq petits pinceaux de poils à l'extrémité de cette longue

de voir même à l'œil, les gros vaisseaux à air
dans l'intérieur de l'insecte, la transparence de
son corps le permet; on y voit comment ces
vaisseaux se plient et replient (1), et comment
ils s'alongent et se déplient, et selon que la
queue s'accourcit ou s'alonge. Ces insectes, après
avoir passé dans l'eau la première partie de leur
vie, après y avoir pris tout leur accroissement,
ont à passer la seconde partie de leur vie sous
terre, et enfin à en passer la dernière partie
dans l'air. Quand ils n'ont plus à croître, ils
quittent l'eau, ils marchent sur la terre jusqu'à
ce qu'ils en aient trouvé qui les invite à s'y
enfoncer. Ils ne restent pas longtemps sous terre
sans y perdre leur première forme; ils se font
une coque de leur propre peau, comme nous
avons vu les vers de la viande s'en faire une

queue (V. pl. IV, fig. 13); parce que ces espèces de vers,
étant forcés d'être constamment la tête plongée dans l'eau
et la queue en dehors, auraient eu beaucoup de peine
à se maintenir longtemps dans cette position extrêmement
pénible : au moyen de ces cinq petits pinceaux, l'insecte
se tient en équilibre sans la moindre fatigue.

(1) Voir pl. IV, fig. 12.

de la leur ; mais la coque de nos vers à queue n'est pas aussi simple que celle de ces autres vers ; bientôt on voit sur sa partie antérieure et supérieure, quatre cornes roides, dont les deux plus grandes poussent et s'élèvent, après que la coque est formée (1). Les coques de plusieurs autres vers, comme les coques de nos vers à queue de rat, ont des cornes, et celles-ci nous donnent occasion de faire connoître de quel usage sont ces cornes à l'insecte renfermé dans la coque. Nous prouvons qu'elles sont quatre tuyaux, au moyen desquels il respire l'air. Mais comment ces cornes parviennent-elles à s'élever au-dessus d'une coque roide et dure ? Comment la percent-elles ? Où étoient-elles contenues dans l'insecte, lorsqu'il avoit la forme de ver ? Ce sont de petits mystères qui doivent paroître difficiles à développer, et supposer bien de la méchanique ; aussi n'eussé-je pas espéré que tout ce qui les regarde, eût pu être exposé à mes yeux aussi distinctement qu'il l'a été. Une autre très-grande singularité

(1) Voir pl. IV, fig. 2.

dans la dernière transformation de ces insectes,
dans celle qui les fait paroître mouches, c'est
que la mouche, pour sortir de sa coque, est
obligée de s'y retourner bout par bout. C'est
du côté où étoit la tête que la coque doit s'ouvrir, qu'une pièce en doit être détachée. La
nature n'a pas mis la tête de ces mouches en
état d'agir, comme agissent celles de plusieurs
autres mouches, de se gonfler et de se contracter ; mais elle a donné à leur derrière, la
force et l'activité qu'elle a accordées à la tête
des autres, pour forcer leur prison dans l'endroit
où elle peut être forcée. La mouche est donc
obligée de se retourner dans sa coque, de faire
passer son derrière à la place où la tête avoit
toujours été, et de faire prendre à celle-ci,
l'ancienne place de celui-là. »

Nous ajouterons que Réaumur, par suite
des expériences auxquelles il se livra, par-
vint non-seulement à découvrir que le ver
à queue de rat se formait de sa peau une
coque pour passer la seconde partie de sa

vie ; mais il observa aussi que le sage Ordon-
nateur avait ménagé , sur cette coque très-
solide, deux endroits circulaires, fermés seulement par une membrane transparente, afin
que les deux grandes cornes , qui doivent
servir à la respiration de la nymphe, à la
place de la queue, pussent en sortir. Ce
profond observateur remarqua en outre que
ces deux cornes , qui sont auparavant
couchées le long du corps, viennent, en se
redressant par un jeu de mécanique qui demande une grande précision dans l'exécution,
percer précisément les endroits circulaires
dont nous venons de parler. Enfin Réaumur
observa encore que la nature avait préparé
à la coque une espèce de porte que l'insecte
doit faire sauter , lorsqu'il paraît au jour
à l'état parfait. Comme on le voit , nous
ne devons pas regretter de sacrifier quelques
instants à ces mystérieuses transformations
dignes d'occuper, par leurs singularités,
l'attention des philosophes les plus austères.

N'aurions-nous pour exemple que celles observées chez les syrphides? N'est-ce pas une chose bien surprenante que de voir un insecte dont toutes les parties sont organisées pour une vie aérienne, et qui semble ne se plaire qu'à rechercher les doux rayons du soleil, et à voltiger de fleur en fleur pour en extraire les sucs à l'aide d'une trompe, dont toutes les pièces sont admirablement disposées pour cet usage ; n'est-ce pas, dirons-nous même, une chose merveilleuse que de voir ce même insecte qui a quelque ressemblance avec nos mouches domestiques, passer par des formes aussi bizarres, et mener à l'état de larve une vie aussi opposée à celle qu'il mène à l'état d'insecte parfait ?

LES OESTRES

(ŒSTRUS, Lin.)

ORDRE DES DIPTÈRES,

FAMILLE DES ATHÉRICÈRES.

Chaque espèce a ses lois, ses règles, ses caprices.
Dans les naseaux du cerf, dans le cuir des génisses,
Les uns vont déposer les germes créateurs;
Les uns peuplent la fange et les autres les fleurs.

DELILLE, *les Trois Règnes.*

On sait que, contrairement à la plupart des animaux, les insectes abandonnent généralement leurs œufs, après avoir pris toutefois les précautions nécessaires pour que les larves qui doivent en sortir soient placées dans des lieux qui leur fournissent les aliments indispensables à leur accroissement. La nature, en agissant ainsi à l'égard

des insectes, a été, comme elle l'est toujours, conséquente avec elle-même :

Chez les quadrupèdes et les oiseaux, les
mâles et les femelles survivant assez longtemps à leur progéniture, elle a voulu qu'ils
fussent chargés d'élever leurs petits, et
qu'ils leur donnassent tous les soins que
réclamait leur enfance ; mais chez les insectes, les mâles et les femelles périssant
ordinairement avant le complet développement de leurs larves, il était de rigueur
que ces larves fussent munies des organes
et de l'instinct que nécessitait l'abandon
dans lequel elles se trouvent presque toujours. C'est ce que vont nous prouver encore
les insectes dont nous allons nous occuper,
leurs larves devant passer la première partie
de leur vie dans les intestins des chevaux,
et dans les tumeurs qu'elles causent aux
bêtes à laine, les femelles, malgré toutes les
difficultés qu'elles ont à surmonter, déposent
leurs œufs dans ces parties, et les larves

qui en sortent, à l'aide de crochets admirablement disposés pour s'y maintenir, y
passent la première partie de leur vie,
abandonnées de ceux qui leur ont donné
le jour.

Voici quelques particularités fort curieuses
sur les larves des intestins des chevaux que
nous rapportons d'après Réaumur ; elles
sont extraites de l'ouvrage de Bazin.

« Ce sont les vers courts auxquels je m'arrête :
ceux-ci sont enfants d'une mouche qui ressemble
au bourdon, et qui n'en est point un, n'ayant
que deux ailes et point de trompe (1).

» Ces vers sont pourvus de deux crochets fort
aigus, placés au-dessus de la bouche, et d'un
grand nombre d'épines rangées sur le contour
des anneaux (2). Ce ver a certainement besoin
de ce secours pour s'avancer dans un aussi vaste
pays que celui des intestins du cheval, pour pénétrer jusque dans l'estomac, comme cela lui

(1) Voir pl. IV, fig. 7.   (2) *Idem*, fig. 5.

arrive assez souvent, et pour faire une route
pendant laquelle il est obligé de vaincre continuellement le mouvement péristaltique de ces
parties, qui le repousserait au dehors, et l'en-
traineroit avec les aliments, s'il ne sçavoit pas
se tenir ferme sur ses crochets. Comme il ne
seroit pas facile à la mouche de revenir souvent
à la charge pour trouver un moment pareil à
celui qu'elle a saisi comme à la dérobée pour
faire sa ponte, elle la fait d'abord toute entière,
ou à peu-près; ce qui produit un grand nombre
de vers qu'elle jette tous à la fois dans le corps
du cheval. Elle peut y en jeter beaucoup,
puisque M. Vallisnieri a compté jusqu'à sept
cents œufs dans le ventre d'une seule mouche.
C'est dans cette longue suite d'intestins qui règne
depuis leur embouchure jusqu'à l'estomac, qu'il
est permis à ces vers de vivre. Il n'est pas
besoin de dire qu'ils ne peuvent manquer de
trouver une abondante nourriture dans un pays
si gras et si bien humecté, soit qu'ils fassent
usage du chyle, soit des liqueurs qui servent
à le préparer, soit de celles dont les aliments

sont continuellement abreuvés. Lorsque le temps de leur métamorphose est arrivé, ils reviennent sur leurs pas pour sortir du labyrinthe où leur mère les a introduits. Ce retour est moins difficile qu'on ne pourroit croire, il leur suffit de ne faire aucun usage de leurs crochets et de leurs épines, ils sont entraînés naturellement avec les autres matières que le cheval rejette.

» En sortant du ventre du cheval, ils tombent à terre, et vont sur le champ chercher une retraite où ils puissent être en sûreté pendant qu'ils prendront leur dernière forme. Ce dernier acte de leur vie est à peu-près le même que celui des vers des tumeurs des bêtes à laine (1).

(1) Ces larves vivent dans des tumeurs causées par les piqûres que font les femelles dans le cuir des bêtes à cornes. Expliquons, en peu de mots, le changement presque miraculeux qui se fait sur la peau de ces insectes, dans le moment de la métamorphose : la peau commence à prendre peu à peu de la consistance, jusqu'à résister au bout de deux jours, à une forte pression des doigts. Puis il se fait quelques légers changements à l'extérieur, de blanche qu'elle était, elle devient noire. Pendant ce temps-là tout l'intérieur de l'insecte se détache de ce qui

» On ne voit point que les chevaux soient notablement incommodés de ces vers, à moins que la quantité n'en soit excessive, comme il arriva en l'année 1713 dans le Véronais et le Mantouan, où ils causèrent une espèce de maladie épidémique qui fit périr un grand nombre de chevaux. »

formait auparavant sa peau, et celle-ci devient par sa dureté une boîte, ou coque très-solide, dans laquelle il peut sans danger devenir nymphe, puis mouche. Enfin, il faut que la mouche puisse sortir de cette boîte qui est d'une épaisseur au moins égale au maroquin, et d'une dureté pareille à celle de la corne. Une porte qui doit s'ouvrir facilement a été ménagée à cette coque. Il y a du côté de la tête une petite portion de la coque qui n'est que comme rapportée, et qui ne tient dans tout son contour que par le moyen d'un cordon très-fragile, lequel se casse au premier coup de tête que la mouche donne. Ce cordon cassé, la porte tombe et l'animal est en liberté. Il pourra paraître singulier, que tant de précautions aient été prises pour faire naître des insectes qui nous semblent nuisibles ; mais nous devons être persuadés que leur auteur avait de bonnes raisons pour les créer, et que leur présence dans ce bas monde concourt à l'accomplissement de son plan général.

LES MOUCHES BLEUES DE LA VIANDE

(MUSCA VOMITORIA, Lin.)

FAMILLE DES ATHÉRICÈRES, ORDRE DES DIPTÈRES.

LES TAONS DES BOEUFS

(TABANUS BOVINUS, Lin.)

FAMILLE DES TABANIENS, ORDRE DES DIPTÈRES.

> La vie d'un homme de génie suffirait à peine
> à l'histoire de quelques insectes.
>
> BERNARDIN DE St-PIERRE. *Étud. de la Nat.*

Si cette phrase de Bernardin de Saint-
Pierre est un peu hyperbolique, le fond
n'en est pas moins vrai ; les mémoires sur
les mouches, que Réaumur nous a laissés,
pourraient servir de preuve à l'appui de la
haute idée que l'auteur des Études de la

Nature s'était faite de l'histoire des insectes :
aussi engageons-nous les personnes curieuses
de connaître jusqu'où la patience d'un
homme peut aller, pour découvrir les merveilles du règne animal, à lire tout ce que
Réaumur a écrit sur ces diptères. Nous avons
dû nous contenter de reproduire (ainsi que
nous l'avons déjà fait pour d'autres mémoires
trop étendus) les résultats de ses recherches (1), résultats qui suffiront pour instruire
nos lecteurs de tout ce que les mouches
présentent d'intéressant dans leur organisation, dans leurs métamorphoses et dans
leurs mœurs ; mais qui donnent une bien

(1) Les figures de la planche III, avec leurs explications
lues avec réflexion, pourront suppléer en partie au texte
non reproduit. Nos lecteurs, en s'appliquant surtout à
connaître tout le mécanisme des trompes des mouches, etc.,
seront encore plus convaincus de ce qui leur a été déjà
si souvent démontré, dans le cours de cette publication ;
que plus les animaux sont petits, plus ils nous fournissent
de preuves de cette puissance, de l'immensité de laquelle
nous n'aurons toujours que des idées trop faibles et
trop bornées.

faible idée de l'opiniâtreté, de la sagacité, et de l'incroyable dextérité que possédait Réaumur pour découvrir les mystères les plus secrets des insectes.

1° LES TROMPES. — « Les trompes des insectes sont des instruments ou plutôt des machines bien dignes de notre attention ; ce sont des machines analogues à nos pompes, elles sont destinées à puiser le sang dans les vaisseaux des grands animaux, ou à puiser des liqueurs mielleuses dans les vaisseaux des fleurs, ou dans les vaisseaux des autres parties des plantes : mais ce sont des pompes plus compliquées que les nôtres ; puisqu'elles doivent ouvrir les canaux dans lesquels elles doivent puiser. Leurs pistons, outre leur office de piston, doivent faire celui d'instrumens qui percent ; toutes ces trompes sont des machines très-composées, quoiqu'elles soient des machines aussi simples qu'elles le puissent être. Il y a de grandes variétés dans la structure des trompes accordées aux différens insectes, même aux mouches de différentes classes et de différens genres. La trompe qui, comme celle du taon (1), doit percer le cuir dur et épais d'un bœuf, demandoit non-seulement à être plus forte et plus solide que la trompe, qui n'est destinée qu'à percer notre peau, elle demandoit même à être autrement construite. Si on vouloit rassembler dans un seul ouvrage toutes les variétés de structure que nous offrent les trompes des insectes, et en donner des développemens, on entreprendroit un ouvrage qui demanderoit plus de planches qu'on n'en trouve dans les Ramellis, les Léopolds, etc., et dans tous les auteurs qui ont traité de l'élévation des eaux. Enfin les différentes machines hydrauliques, imaginées par nos méchaniciens, ne sçauroient nous faire voir des compositions aussi admirables et aussi variées, que celles que peuvent nous montrer les trompes données aux insectes pour conduire différens sucs dans leur corps (2).

(1) Voir pl. III, fig. 11.
(2) Notre auteur nous donne ici une idée très-juste

2° Les larves. — Il est peu d'insectes, tant méprisables qu'ils paraissent à nos yeux, qui ne nous donnent de nouveaux exemples des précautions que l'Auteur de la nature a prises, pour conserver leurs espèces.

Nous voulons parler des larves des mouches bleues de la viande, que l'on désigne de la complication qui doit exister dans des organes qui ont à remplir tant de fonctions. Tout porte à croire que, malgré l'énorme grossissement que l'on peut obtenir à l'aide des meilleurs microscopes, les objets qui échappent à nos investigations sont encore plus nombreux que ceux que cet instrument nous fait apercevoir.

Certes, on ne peut disconvenir que la trompe de l'éléphant ne soit un organe admirable ; les milliers de muscles qui la font agir, son exquise sensibilité, les différents usages auxquels l'éléphant l'emploie, nous forcent à l'envisager comme un des chefs-d'œuvre de la création ; mais nous ne croyons pas émettre une opinion qui soit au-dessus de la vérité, en considérant les trompes des mouches comme des organes encore plus admirables ; parce qu'ils joignent à une excessive complication, une extrême petitesse.

Pour les mouches bleues de la viande, voir pl. III, fig. 1, 2, 12, 14, 17, avec les explications ; pour les mouches en forme d'abeilles, voir pl. III, fig. 15, avec les explications ; pour les taons des bœufs, voir pl. III, fig. 18 et 19, avec les explications.

ordinairement sous le nom de ver. Si ces larves trop connues dans les cuisines, parce qu'elles naissent sur la viande, et qu'elles inspirent tant de dégoût, paraissent douées d'une intelligence bien bornée, on va voir que leur organisation, parfaitement en rapport avec les fonctions qu'elles doivent remplir, supplée à ce que la nature leur a refusé d'un autre côté.

« Ces vers (1) sont charnus et blancs ; leur corps composé de différens anneaux, peut prendre successivement différentes formes. Quoique dépourvus de jambes, ils marchent, et même assez vite. Ce qu'on remarque aisément ce sont deux crochets bruns et écailleux (2) ; ils sont quelquefois entièrement cachés ; ils ont chacun, dans l'intérieur du corps, une espèce d'étui particulier dans lequel ils peuvent rentrer. Ces deux cro-

(1) Voir pl. III, fig. 5.
(2) V. pl. III, fig. 5, *t* et fig. 4, *c, c,* ces crochets très-grossis.

chets sont parallèles l'un à l'autre, ils ne viennent jamais se rencontrer ; ils ne font ni l'office de dents qui agissent l'une contre l'autre, ni même l'office de ciseaux. Je veux dire qu'ils ne sont pas des instruments qui doivent agir l'un contre l'autre pour broyer et pour couper ; ils servent pourtant tous deux à détacher, à rompre en petites parcelles les fibres charnues dont le ver se nourrit ; mais c'est en ratissant, en piochant, pour ainsi dire, qu'ils dépiécent la viande.

» Outre les deux crochets, ce ver a une espèce de dard, qui n'a pas plus du tiers de leur longueur ; il est placé entre eux, à distance égale de l'un et de l'autre ; comme eux, il est brun, et de même nature écailleuse ; mais il est tout droit, et se termine par une pointe fine : sa figure et sa consistance semblent apprendre qu'il est fait pour diviser par des coups redoublés, les petits fragments que les crochets détachent. Les crochets ont vers les bases comme deux épines écailleuses. Immédiatement au-dessous des deux endroits percés pour laisser sortir les crochets, est la bouche.

» Les crochets qui tiennent lieu de dents aux
vers de ce genre, leur tiennent aussi lieu de
jambes. Quand ils veulent marcher, ils alongent
au moins leur partie antérieure ; pendant qu'elle
est alongée, ils font sortir leurs deux crochets,
il les cramponnent dans la viande, ou dans les
inégalités d'un terrain plus ferme, s'ils se trouvent dessus.

» C'est sur ces deux crochets que tombe
ensuite le principal effort du ver qui raccourcit
son corps pour le porter en avant. Les anneaux
du corps facilitent aussi la marche ; ils ont chacun
une ceinture étroite de piquants, propres à
s'engrainer dans les inégalités des corps qui
nous paraissent les plus polis : tels que le verre.
Il y a des temps où ils savent se donner encore
plus de prise sur une matière si polie ; au
moyen d'une liqueur gluante qui sort de leur
bouche.

» Les vers de la mouche bleue de la viande
ont des stigmates (1) dont le contour a des
mamelons, des espèces de rayons charnus qui

(1) Voir pl. III, fig. 4, a.

sont tantôt plus longs et tantôt plus courts. L'insecte les raccourcit en certains temps au point de les faire entièrement disparaître ; dans d'autres temps, j'en ai compté jusqu'à onze à la fois. Le bord inférieur et celui des côtés en sont plus fournis que le bord supérieur. Au reste, non-seulement cette partie n'a pas toujours la figure plane sous laquelle nous l'avons considérée ; souvent elle est très-concave, très-creuse. Pour se faire une idée du point auquel elle le devient, de la forme qu'elle prend quelquefois, et pourquoi elle la prend, il faut sçavoir que les vers qui se nourrissent de viande, se trouvent presque continuellement dans l'eau, ou dans une liqueur glaireuse qui vient de la chair qui se corrompt et se dissout. Si cette liqueur couloit sur les stigmates, si elle s'y attachoit, elle boucheroit les passages à l'air. Les vers sont en état d'empêcher que cela n'arrive, ils rendent creuse la partie où les stigmates sont placés, ils en relèvent les bords, et les rapprochent au point de se toucher, de sorte que, quand il en est besoin, les stigmates sont renfermés dans le fond d'une espèce de bourse de chair. Nous aurons aussi occasion de voir plus d'une fois, que la nature a donné un semblable moyen de mettre leurs stigmates à l'abri de l'eau, à plusieurs autres vers qui, quoiqu'ils ne soient pas des vers aquatiques, doivent croître dans certaines terres ordinairement humectées par l'eau, et que l'eau délaye trop en beaucoup de circonstances. »

3° LEURS MÉTAMORPHOSES. — « L'histoire des insectes si remplie de faits singuliers, n'a rien de plus surprenant à nous offrir, que ces formes si différentes, sous lesquelles elle nous montre le même animal dans différens temps du cours de sa vie. Toute chenille doit avoir été papillon, toute mouche doit avoir été ver. Nous avons vû, ailleurs, comment l'insecte, que nous appellions une chenille, parvient à nous paroître un papillon. Nous allons voir maintenant comment l'insecte, que nous appellions un ver (1), parvient à être pour nous, une mouche à deux ailes (2), de celles qui ont le corps

(1) Voir pl. III, fig. 4 et 5. (2) *Idem.*, fig. 3 et 15.

court. La chenille, pour devenir papillon, passe par l'état de crisalide ; tous les vers à tête de figure variable, et plusieurs de ceux à tête de figure constante, ont à subir une métamorphose de plus ; l'état de nymphe est pour ces derniers insectes, ce que l'état de crisalide est pour les autres ; mais ils passent par un état moyen entre celui de ver et celui de nymphe ; ce qui n'a point encore été observé, que je sçache, par les naturalistes. J'ai nommé cet état celui de *boule alongée,* parce que c'est la figure qu'il donne à l'insecte. Le passage de l'état de boule alongée à celui de nymphe, n'a point été non plus suivi par les naturalistes, et méritoit bien de l'être ; il se fait tout autrement que celui de l'état de chenille à celui de crisalide. Dans un instant, une chenille est transformée en crisalide ; l'insecte quitte sa peau de chenille, et sur le champ il est crisalide ; sur le champ, on peut lui trouver toutes les parties du papillon ; au lieu que ce n'est que peu à peu que les parties de la mouche se développent et se montrent, ce n'est que peu à peu que la forme de boule alongée est changée en celle de nymphe. Nous avons admiré ailleurs l'art avec lequel des chenilles de différentes espèces sçavent se construire chacune une coque, lorsque le temps de leur métamorphose approche. Cette coque est un logement dans lequel l'insecte doit être commodément et en sureté, pendant qu'il sera crisalide ; la plupart de ces coques sont de soie, et la soie entre, même pour beaucoup, dans la composition de celles où d'autres matières sont employées. Nos vers ne sçavent point se faire d'aussi jolies coques, mais ils s'en font qui ne sont, ni moins solides, ni moins singulières. La peau même du ver qui se transforme, lui fournit sa coque. Le ver pour devenir boule alongée, quitte sa peau, mais il la quitte sans en sortir, il en détache toutes ses parties, et les laisse sous cette peau, à laquelle il fait prendre la figure d'un œuf. Il semble que la peau du ver ne soit pour lui, que ce qu'est pour nous une robe de chambre. Après avoir tiré nos deux bras d'une robe de chambre, nous pourrions nous en couvrir la tête, et tout le reste du corps : la peau du

ver couvre de même l'insecte changé en boule
alongée. Mais cette peau, pour le couvrir mieux,
est devenue plus solide et plus épaisse; au lieu
qu'auparavant elle étoit molle et flexible, elle
est alors dure et roide; elle forme une boîte
bien close de toutes parts, qui a la figure d'une
coque d'œuf; figure propre à recevoir un insecte,
qui n'a que celle d'une boule oblongue. A un
des bouts de cette espèce de boule, à un des
bouts de l'insecte, on peut remarquer un en-
foncement. C'est de-là que sortent successivement toutes les parties de la mouche qui
doivent se montrer, pour que la boule alongée
soit changée en nymphe. Quand l'insecte est
en boule, il ressemble à un fœtus qui auroit
été rendu monstrueux, parce qu'on auroit fait
entrer sa tête, ses bras et son cou dans la
capacité du ventre. En faisant sortir peu à peu
ces mêmes parties du fœtus de cette cavité, on
rendroit peu à peu au monstre la figure humaine.
C'est ainsi que lorsque les jambes, les ailes,
la tête, qui étoient enfoncées dans la capacité
du ventre de l'insecte, viennent à en sortir peu

à peu, à se montrer en dehors, et à s'étendre sur le corps, que l'insecte qui ne sembloit qu'une longue boule charnue, devient une nymphe à laquelle on trouve toutes les parties d'une mouche.

» Quand les parties de la nymphe se sont affermies, l'insecte est arrivé au temps où il doit paroître et vivre sous la forme de mouche, il est arrivé au temps où il doit sortir de sa coque. Plus cette coque étoit solide, mieux elle le défendoit lorsqu'il étoit dans l'impuissance de se mouvoir, et plus il doit paroître difficile à l'insecte d'y faire l'ouverture qui lui devient nécessaire lorsqu'il veut en sortir. Nous allons expliquer comment la mouche parvient à ouvrir la coque dans laquelle elle se trouve renfermée; c'est par un des bouts, par l'antérieur, qu'elle en doit sortir : la nature a eu soin aussi de préparer ce bout, de manière qu'il n'opposât pas aux efforts de la mouche, une résistance égale à celle que leur opposeroient les autres endroits de la coque; il est tellement construit, qu'il peut être fendu assez facilement en deux parties égales, et qui sont aisées à détacher du reste de la coque. Alors la mouche a une grande porte ouverte (1) : la résistance qu'elle a eu à vaincre pour s'ouvrir cette porte, a pourtant encore de quoi paroître considérable, quand on cherche quelle peut être celle de ses parties, que la mouche a pu employer pour surmonter cette résistance. On n'imagineroit pas quel est l'instrument au moyen duquel elle en vient à bout, et comment elle le fait agir. La tête des mouches, comme celle de la plupart des animaux, a une figure constante ; son crâne est cartilagineux, et comme écailleux ; mais la nature a accordé à la mouche prête à naître, de pouvoir gonfler et contracter alternativement sa tête (2), et de plus, d'en faire sortir un museau d'une grandeur démesurée, capable de prendre différentes formes, et souvent celle d'une vessie. C'est en gonflant sa tête et son museau, que la mouche agit à diverses reprises contre le bout de la coque qui la tient renfermée, qu'elle force ce bout à s'entr'ouvrir,

(1) Voir pl. III, fig. 6, 7 et 8.   (2) *Icdm,* fig. 9.

et qu'elle force à tomber les deux demi-calottes, ou au moins une des deux demi-calottes dont il est composé. Le corps de la mouche, qui vient de naître (1), est beaucoup plus petit que celui des autres mouches de son espèce ; ses ailes d'ailleurs sont si plissées et si raccourcies, qu'on les prendroit pour des ailes avortées ; mais bientôt le corps acquiert du volume, et les ailes s'étendent et se développent. Il est probable que ces effets sont dûs à l'air que la mouche respire, puisque nous avons vû quelquefois l'air entrer dans l'aile d'une mouche naissante, et toute mince qu'est cette aile, la dédoubler pour ainsi dire, et en faire une vessie. »

4° L'INSTINCT DES MOUCHES BLEUES DE LA VIANDE. — Voici un extrait d'un mémoire de Réaumur, qui nous fournira un exemple frappant de cette sage prévoyance des femelles, qui les pousse toujours à déposer leurs œufs sur des matières qui procure-

(1) Voir pl. III, fig. 10.

ront à leurs petits une nourriture convenable :

« Nous avons fait admirer plusieurs fois l'instinct qui porte les mouches à déposer leurs
œufs sur les matières, et sur les seules matières
qui peuvent fournir un aliment convenable aux
petits qui en doivent sortir. Elles connoissent
ces matières de façon à ne s'y point méprendre.
La mouche, dont les petits doivent être nourris
de viande, ne dépose point ses œufs sur des
excrémens, et celle dont les petits doivent tirer
leur nourriture des excrémens, ne laissera
jamais les siens sur la viande. Elles ne savent
pas seulement choisir les matières de nature
convenable ; elles savent, entre ces matières,
ne s'attacher qu'à celles qui sont bien condi-
tionnées ; et ce qui est plus encore, elles semblent
prévoir les circonstances où ces matières doivent
rester telles. C'est de quoi les grosses mouches
bleues de la viande m'ont donné bien des preuves.
Souvent j'ai exposé des morceaux de chair dans

des jardins , je les ai attachés contre des murs,
contre des arbres ou des arbustes sur lesquels il y
avoit beaucoup de ces mouches. Je croyois voir,
en peu de temps , les viandes que j'offrois à ces
mouches, et sur lesquelles elles se posoient,
toutes couvertes d'œufs ; néanmoins il est sou—
vent et presque toujours arrivé qu'elles n'y en
ont pas laissé un seul. Les morceaux de viande
dont je parle , étoient minces ou médiocrement
épais ; ils étoient exposés au soleil et au vent,
ils devoient être bientôt desséchés , ils l'auroient
été avant que les vers sortis des œufs de nos
mouches fussent nés. Or ces vers ont besoin
d'être sur une chair humide, qui soit en état
de se corrompre ou de ne se point dessécher.
Les mouches agissoient donc comme si elles
eussent su que la chair qu'elles rencontroient,
ne seroit plus une chair propre à leurs vers
lorsqu'ils voudroient s'en nourrir. Quand j'ai
laissé dans les mêmes jardins des morceaux de
viande sur une terre humide, les mêmes mouches
n'ont pas manqué d'en profiter pour faire leur
ponte. On ne sait que trop qu'elles s'introduisent

dáns les cuisines, et dans tous les endroits où on conserve de grosses piéces de viande, pour laisser leurs œufs sur ces viandes qui y restent toujours assez humides » (1).

5° LES JAMBES DES MOUCHES. — Nous devons maintenant donner quelques détails sur la curieuse organisation des jambes des mouches. Laissons encore parler l'auteur des mémoires :

« Les jambes des mouches de différens genres, sont construites sur différentes proportions ; elles sont non-seulement plus ou moins grandes par rapport à la grandeur du corps ; mais chacune de leurs parties comprises entre deux articulations, diffèrent plus ou moins en

(1) Les mouches bleues de la viande, que le judicieux Réaumur a si bien observées, ne viennent-elles pas de nous donner une preuve, sans réplique, de l'intelligence des insectes ? Pourrait-on, sans injustice, considérer le fait que nous venons de rapporter, comme un acte purement machinal ?

longueur entr'elles. Ce qu'elles ont de constant,
c'est que la partie analogue au pied, celle sur
laquelle la mouche se pose, est toujours munie
au moins de deux ongles (1) ou crochets qui
finissent par des pointes si fines, qu'elles trouvent prise sur les corps les plus polis. Les
mouches de la viande, et celles de quantité
d'autres espèces, ont là comme deux paumes (2)
de main, ou plutôt comme deux plantes de
pieds ; on pourroit donner ces noms à deux
parties égales et semblables, auxquelles nous
donnerons pourtant celui de pelotes. Ces pelotes
qui ont chacune un contour oval, se touchent
à l'endroit où elles sont attachées au pied, et
laissent entr'elles un vuide angulaire. Leur face
inférieure est un peu convexe, et garnie de
poils courts très-pressés les uns contre les autres.
Ces poils peuvent s'engrainer dans les inégalités
des corps les plus polis à nos yeux, et doivent
aider à soutenir les mouches contre le verre
plat, posé même verticalement comme celui de
nos fenêtres. M. Homberg a observé des mou-

(1) Voir pl. III, fig. 16; *c, c.*   (2) *Idem, id., p, p.*

ches, qui ne pouvoient plus marcher sur des carreaux de verre ; il a cru que c'étoient celles qui, par la vieillesse, avoient perdu les poils de leurs deux pelotes ou petites plantes de pied. Celles dont les crochets se seroient émoussés, se trouveroient dans le même cas ; d'ailleurs, entre tant d'espèces de mouches qui marchent sur le verre, même placé verticalement, il y en a plusieurs espèces qui n'ont point de ces pelotes ; il suffit de citer les abeilles pour exemple de celles à qui elles manquent, et qui n'en marchent pas moins bien sur le verre. »

Pour terminer l'histoire abrégée des mouches, il faudrait encore parler de leurs admirables yeux à facettes, et des différentes formes de leurs œufs ; mais comme nous avons traité ces sujets dans différents articles spéciaux, nous y renvoyons le lecteur ; voyez tome I : yeux des insectes, œufs des insectes.

OBSERVATIONS

SUR DIFFÉRENTS INSECTES

TRÈS-REMARQUABLES PAR LEUR INDUSTRIE,

LEURS MŒURS ET LEUR ORGANISATION.

> Quelque petit que soit un insecte, quelque simple qu'il paraisse à un esprit léger, il n'en existe aucun qui, considéré par un philosophe, ne soit digne d'attirer l'attention, soit par son industrie, soit par quelque singularité dans son organisation.

Comme il nous était impossible, dans le cadre que nous nous sommes tracé, de publier tout ce que les insectes offrent de merveilleux, tant dans leurs mœurs que dans leur industrie et leur organisation, nous avons groupé dans ce dernier article ceux de ces petits êtres dont l'histoire

présente quelques particularités très-remarquables ; cette marche nous a semblé la
seule qui pût nous permettre de mettre en
relief tout ce qu'il y a de plus curieux dans
les immortels mémoires de Réaumur (1).

En ajoutant cette sorte de corollaire à
notre ouvrage, nous avons eu un double
but : celui de justifier, autant que possible,
le titre que nous avons choisi, et celui de
prouver combien est peu rationnel le système

(1) Nos lecteurs ne doivent pas s'attendre à trouver,
dans ce dernier article, de longues descriptions sur les
caractères physiques de chaque insecte ; nous les ren—
verrons pour ces caractères à nos figures. Nous nous
abstiendrons de tous détails qui puissent refroidir le vif
intérêt que nous nous efforcerons de répandre sur chaque page. Nous éviterons même de parler de deux in—
sectes qui présenteraient une industrie, des mœurs ou
une organisation analogue, quelqu'extraordinaire qu'elle
soit ; mais nous tâcherons, au moyen de notes assez
nombreuses, de forcer les esprits superficiels à réfléchir
sur les faits qui nous paraîtront les plus saillants, pour
leur donner une idée exacte de l'immense puissance de
la première cause *.

* Nous avons placé, sur notre dernière planche, l'insecte parfait à côté
de sa larve ; parce que c'est une étude très-curieuse que de comparer les
insectes sous leurs différentes formes, tant elles diffèrent souvent l'une de
l'autre.

spécieux que nous avons déjà combattu dans
quelques notes, et que nous nous proposons
encore d'attaquer dans d'autres. Afin que
le lecteur ait, à chaque page qu'il lira, la
base de ce système présente à la mémoire,
nous allons le faire connaître, et nous le
laisserons juge dans cette question, selon
nous, fort importante.

CONCLUSION DE M. DE LAMARCK,

Extraite de sa Philosophie zoologique.

« La nature en produisant successivement
» toutes les espèces d'animaux, en com-
» mençant par les plus imparfaits ou les
» plus simples, pour terminer son ouvrage
» par les plus parfaits, a compliqué gra-
» duellement leur organisation; et ces ani-
» maux se répandant généralement dans
» toutes les régions habitables du globe,
» chaque espèce a reçu de l'influence des
» circonstances dans lesquelles elle s'est

» rencontrée, les habitudes que nous lui
» connaissons et les modifications dans les
» parties que l'observation nous montre en
» elle. »

M. de Lamarck ajoute : « Cette conclusion
» suppose que, par l'influence des circons-
» tances sur les habitudes, et qu'ensuite par
» celle des habitudes sur l'état des parties,
» et même sur celui de l'organisation, cha-
» que animal peut recevoir, dans ses par-
» ties et son organisation, des modifications
» susceptibles de devenir très-considéra-
» bles, et d'avoir donné lieu à l'état où nous
» trouvons tous les animaux. »

Certainement, il est incontestable que
l'opinion du savant naturaliste précité a
quelque fond de vérité. On ne peut nier
que certaines parties d'animaux n'aient dû
éprouver quelques légères modifications,
suivant les lieux et les circonstances dans
lesquels ces animaux ont été placés ; mais
on est forcé de reconnaître que Dieu, en

les créant, a prévu toutes les circonstances dans lesquelles ils auraient à vivre, et a donné à chaque espèce une organisation constante, une forme déterminée et, pour ainsi dire, invariable dans ses parties principales, qui oblige chaque espèce à vivre dans les lieux et les différents climats où elle se trouve habituellement, et à conserver les habitudes qu'elle tient de ceux qui l'ont engendrée. La lecture des pages suivantes, jointe à celle des articles précédents, démontrera, du moins nous osons l'espérer, que cette dernière opinion, assez généralement admise, est la seule vraie (1).

(1) Si nous insistons sur cette question, ce n'est pas parce que nous pensons, comme certains critiques ont cherché à le faire entendre, que le système de M. de Lamarck conduit à l'athéisme ; il suffirait, pour se convaincre de la fausseté de cette assertion, de lire quelques pages de ce vénérable savant, dans lesquelles il manifeste sa profonde admiration pour le créateur de toutes choses. Mais nous revenons sur cette question capitale, non-seulement parce que cette opinion de M. de Lamarck nous paraît erronée, mais encore parce que (sans détruire la

Les Criocères, ordre des *Coléoptères*, famille des *Eupodes* (V. pl. VI, fig. 5). — Ces insectes sont extrêmement remarquables, parce que leurs larves se font, avec leurs excréments, une espèce de parasol et de parapluie. Elles ont pour cela auprès du derrière, une fourche faite d'une espèce de corne (V. pl. VI, fig. 7, la fourche détachée); elles la tiennent ordinairement couchée sur leur dos, et peuvent l'élever

puissance divine) * elle diminuerait, si elle était admise, cette admiration sans bornes qui frappe notre imagination, au point de produire une sorte d'enthousiasme, lorsque nous sommes forcés, par l'évidence des faits, de reconnaître le doigt de Dieu dans la création des moindres parties des animaux ; c'est-à-dire de reconnaître que tous leurs organes les plus secrets ont été créés *ad hoc,* et non amenés à cet état de perfection où nous les voyons, par une influence quelconque.

Disons, en terminant cette note, que quel que soit le jugement que l'on porte sur le système de M. de Lamarck, on sera toujours porté à déplorer la perte d'un homme qui a doté la science d'excellents ouvrages, et, ce qui est plus appréciable encore, de l'honnête homme, généralement estimé.

* Dieu n'eût-il créé que quelques types d'animaux dont les parties seraient modifiables par l'influence des circonstances, ainsi que le prétend M. de Lamarck; n'eût-il créé que l'homme seul, sa puissance n'en serait pas moins grande à nos yeux.

plus ou moins : cette espèce de fourche reçoit les excréments, et les soutient au-dessus du corps, elle tient lieu d'une charpente propre à soutenir la matière, qui doit former un toit au-dessus de l'insecte, sans être portée par le corps (V. pl. VI, fig. 6).

La peau de ce ver étant extrêmement délicate, la nature devait donner à cet insecte des moyens singuliers pour mettre cette peau tendre à couvert des impressions de l'air extérieur, et de celles des rayons du soleil.

On doit admirer comment cette bonne mère a tout disposé pour que ces larves fissent cette opération commodément. Elle a placé l'anus du côté du dos au lieu de le placer, comme sur les autres insectes, du côté du ventre ; l'intestin qui y apporte les matières, et l'anus lui-même, en les faisant sortir, leur donne une direction pour aller du côté de la tête (1) : ces excré-

(1) L'anus est à l'extrémité d'un mamelon retourné en haut, et que l'insecte élève plus ou moins quand il veut ; afin de pousser les excréments qui viendraient à s'amonceler à l'origine de la petite fourche.

ments ne sont sans doute nullement dégoutants pour l'insecte ; ils ne sont d'ailleurs que des feuilles macérées (1).

Les Teignes des feuilles, O. des *Lépidop-tères*, F. des *Nocturnes*. — Leurs chenilles ont pour se faire des habits, une adresse qui est à peine concevable ; il n'est peut-être point d'insecte qui montre plus d'intelligence. Elles séparent les deux membranes des feuilles l'une

(1) Voici encore un de ces exemples frappants qui nous empêchent d'admettre que ce sont les circonstances, qui ont contribué à développer certains organes ; car enfin, si nous accordons que les criocères, à cause de la délicatesse de leur peau, se soient sentis gênés par l'ardeur du soleil dès les premiers temps, et qu'ils aient contracté l'habitude de relever leur anus, afin de se cou-vrir de leurs excréments ; comment expliquera-t-on la présence de ce mamelon qui évidemment supporte l'anus pour l'élever plus ou moins, et s'en servir comme d'une espèce de main pour empêcher l'amoncellement des ma-tières excrémentielles ? Comment pourra-t-on supposer que le besoin d'avoir un support pour les excréments, aura fait pousser ces fourches faites exprès d'une matière solide ? Non, l'intervention des circonstances, des mœurs et de la nourriture ne peut être admise pour expliquer une organisation si singulière ; on est forcé, comme dans mille autres cas de ce genre, de croire à une cause finale.

de l'autre, et agissent comme agirait un tailleur ; elles coupent dans chacune des membranes de feuilles un morceau propre à composer la moitié d'un habit. Elles assemblent d'abord grossièrement ces deux morceaux ; elles les cousent ensuite, pour ainsi dire, à points plus serrés, avec des fils produits par leur filière, puis elles doublent ces habits de soie. Mais rien n'est aussi surprenant que l'intelligence que montrent ces insectes, pour couper des pièces dont les contours sont plus irrégulièrement contournés que ceux de nos habits (1).

(1) Nous n'aurions pas une idée exacte de l'habileté de ces insectes, si nous n'ajoutions quelques détails sur une opération qui ne serait pas croyable, si on ne l'avait vue. On se représente bien notre tailleur étendu horizontalement entre deux pièces d'étoffes qu'il doit couper tout autour de lui ; mais on ne conçoit pas comment le poids de son corps ne l'entraîne pas avec son habit neuf. Nous allons voir que la teigne a prévu ce danger. Pendant qu'elle coupait les deux pièces, elle a eu le soin de ménager de place en place quelques petites fibres sur lesquelles les ciseaux passent sans les endommager : ces petites fibres sont restées fixées à la feuille d'une part, et à l'habit de l'autre ; de sorte que pendant tout le temps du travail, l'habit et le tailleur sont restés suspendus, et comme

Les **Galeries** (fausse-teigne de la cire), O. des *Lépidoptères*, F. des *Nocturnes*. — Leurs larves se font de longues galeries couvertes, et les allongent à mesure qu'elles veuillent aller en avant. Cet instinct de marcher toujours à couvert est surtout remarquable chez les teignes qui devaient pénétrer jusqu'aux ruches des abeilles, pour causer de grands ravages dans leurs gâteaux. Au moyen de leurs galeries couvertes, elles arrivent à leur but, sans avoir à redouter les aiguillons des abeilles.

Les **Teignes de pelleteries**, O. des *Lépidoptères*, F. des *Nocturnes* (V. pl. VI, F. 10).

encadrés dans la feuille. Tout étant terminé, la teigne, pour se séparer de ce cadre, porte sa tête et ses six premières jambes hors de son fourreau, s'avance sur les bords de la feuille, s'y cramponne, parvient à briser ces petits liens, et s'en va avec son habit sur d'autres feuilles chercher sa nourriture.

Ajoutons à ces curieux détails que lorsque cette teigne est libre de choisir la place où elle veut couper de l'étoffe pour s'habiller, c'est toujours vers le bord d'une feuille qu'elle se place. Elle évite alors de manger le parenchyme qui est du côté des bords de la feuille, afin de ne les point entr'ouvrir, et par ce moyen elle se trouve dispensée de coudre un des côtés de son habit (V. pl. VI, fig. 8).

— Ces teignes, si connues par les ravages qu'elles font dans nos draps et dans nos pelleteries, ont aussi un instinct bien remarquable. Leurs larves se font des habits qu'elles portent toute leur vie, avec des brins de laine qu'elles lient les uns auprès des autres avec de la soie; et, ce qu'il y a de plus étonnant, lorsqu'elles sont devenues trop grosses pour tenir dans leurs habits, elles font ce que nous ferions nous-mêmes, si nous voulions conserver notre premier habit, elles en augmentent les dimensions en tous sens; elles ajoutent des brins de laine à chaque bout (1), ce qui ne présente pas de bien grandes difficultés; mais ce qui semble demander beaucoup d'intelligence, ces chétifs insectes que nous dédaignons d'ob-

(1) Ces insectes, qui cumulent la profession de tisserand et de tailleur, devant avoir leurs habits en forme de fuseau (V. pl. VI, fig. 9), c'est-à-dire un peu renflés vers le milieu, et assez amples, pour pouvoir s'y retourner; on conçoit qu'il était essentiel de les allonger aux deux bouts: car si la teigne n'allongeait son fourreau que par un seul bout, la partie renflée, qui doit toujours se trouver dans le milieu, se trouverait à la fin, à l'un des bouts; c'est pourquoi cet insecte, pour lui conserver le milieu qu'elle doit occuper, a eu l'idée d'allonger chaque bout également.

server, fendent leur habit tout du long, et y
mettent une pièce pour l'élargir, en ayant la
sage précaution de ne fendre d'abord qu'une
partie à la fois, afin que le corps ne reste pas
flottant et à découvert.

Les Friganes, nommées aussi mouches pa-
pillonacées, O. des *Névroptères*, F. des *Plici-
pennes* (V. pl. VI, fig. 11). — Leurs larves
nommées *charrées* vivent dans l'eau, se font
des habits avec des morceaux de bois, des
grains de sable, de petites coquilles, etc. (Voir
pl. VI, fig. 12). Toutes ces larves ont le
remarquable instinct de faire leurs habits de
manière à ce qu'il conserve toujours une pe-
santeur telle, que, jointe au poids de leur corps,
le tout se trouve à-peu-près en équilibre avec
l'eau. Si leur habit est trop léger, elles augmentent son poids au moyen de quelque petite
pierre qu'elles y attachent avec la soie qu'elles
filent; s'il est trop pesant, elles le rendent plus
léger en y attachant un morceau de bois léger,
ou un fragment de roseau. Lorsque toutes ces
larves aquatiques veulent se transformer en

nymphes dans leur fourreau ou habit, elles le
fixent dans l'eau à différents corps, elles font
à chaque bout une porte grillée, qui suffit pour
arrêter les insectes voraces et qui permet l'entrée
et la sortie de l'eau (1).

Les Icnneumons, O. des *Hyménoptères*,
F. des *Pupivores* (V. pl. VI, fig. 15). — Les
femelles de certaines espèces, à l'aide d'une
tarière admirablement organisée *ad hoc*, introduisent leurs œufs (30 à 40) dans le corps des
chenilles ; mais toujours de manière à ne léser
aucun organe qui puisse les faire périr ; afin
que la larve qui sort de l'œuf vive de la masse
graisseuse de la chenille, jusqu'à sa transformation. D'autres femelles montrent un instinct
admirable, pour déposer leurs œufs dans les

(1) Il est à remarquer que si ces larves faisaient une
porte qui bouchât leur fourreau, elles fermeraient l'entrée
à l'eau qui leur est nécessaire. Cette précaution, jointe
à celle qu'elles ont d'arrêter leur habitation portative,
de manière que l'ouverture, qui est placée au point
d'appui, ne soit pas bouchée, doit nous donner une
haute idée de l'intelligence de ces insectes ; car cette
disposition était la seule qui pût permettre à l'eau des
fourreaux de se renouveler.

retraites les plus cachées. Presque tous ces insectes se filent une coque soyeuse, pour passer à l'état de nymphe. Quelques espèces ont la prévoyance de suspendre leurs coques à une feuille ou à une petite branche, au moyen d'un fil assez long, pour se garantir des attaques de leurs ennemis.

Les Sphex, O. des *Hyménoptères*, F. des *Fouisseurs* (V. pl. VI, fig. 14). — La plupart de leurs femelles ont l'instinct de placer divers insectes à côté de leurs œufs, dans les nids qu'elles ont préparés pour leurs petits. Voici un fait qui prouve encore que, dans bien des circonstances, les animaux agissent comme s'ils étaient doués d'intelligence. Ce fait a été rapporté par Darwin qui en a été le témoin oculaire : cet observateur, se promenant un jour dans son jardin, aperçut à terre, dans une allée, un sphex qui venait de s'emparer d'une mouche presqu'aussi grosse que lui - même. Darwin vit qu'il coupait avec ses mandibules la tête et l'abdomen de sa malheureuse victime, en ne gardant que le thorax, auquel les ailes étaient

restées attachées, puis après cette opération il
s'envola ; mais un coup de vent ayant frappé
dans les ailes de la mouche, fit tourbillonner
le sphex ravisseur sur lui-même et l'empêcha
d'avancer ; aussitôt il se posa de nouveau dans
l'allée, coupa les deux ailes de la mouche, et,
après avoir ainsi détruit ce qui l'empêchait
d'enlever sa proie avec facilité, reprit son vol
avec le reste de sa victime (1).

Les Guêpes solitaires et Guêpes ichneumons,
O. des *Hyménoptères*, F. des *Diploptères*. —
Leurs larves naissent voraces et ne vivent que
d'animaux vivants ; aussi leurs mères portent-
elles dans la cellule où elles sont prêtes à naître
leur provision de gibier tout vivant : chaque
espèce a son gibier particulier, les unes de petites
chenilles, les autres des mouches, enfin d'autres

(1) Ce fait porte évidemment les signes du raisonnement. L'instinct seul eut pu pousser ce sphex à couper
les ailes de sa victime, avant de la porter dans son nid ;
mais se reposer à terre pour lui couper les ailes, parce
qu'il survient un coup de vent qui, frappant contre ces
ailes, doit augmenter nécessairement le poids de son far-
deau, c'est là une marque manifeste d'intelligence.

des araignées. La femelle a le soin de mettre
la quantité d'insectes nécessaire, pour amener
sa larve à l'époque de sa métamorphose en
nymphe ; puis elle mure la cellule qu'elle a
remplie d'insectes vivants ; précaution indispensable pour empêcher d'en sortir ces victimes
destinées à être dévorées. Ces insectes non-seulement sont vivants, mais la mère a aussi l'attention de choisir ceux qui sont à l'état de larve,
dans un âge où ils peuvent soutenir un plus long
jeûne sans périr, dans un âge où ils n'ont plus
à croître (1).

Les GUÊPES proprement dites, O. des *Hyménoptères,* F. des *Diploptères* (V. pl. VI, f. 15).
— Ces insectes voraces, qui représentent pour
ainsi dire les tigres de cet ordre, fabriquent avec
une espèce de papier fait de fibres de bois des
cellules de forme hexagone. Elles renferment

(1) On conçoit que, sans cette sage précaution, si les
vers ou larves, qui doivent rester dans une cellule pendant quinze jours y périssaient promptement, elle de-
viendrait bientôt un vrai cloaque dans lequel le ver chéri
serait étouffé, et où du moins il n'aurait plus que des
corps pourris pour se nourrir.

leurs gâteaux dans une espèce de boîte de même matière que celle dont ils sont composés. Le guêpier est un édifice qui a quelquefois plus de douze à quinze étages. Entre chaque étage règne une colonnade formée par les liens employés à suspendre le gâteau inférieur, et à le tenir attaché à celui qui le précède immédiatement.

Les gâteaux de guêpes sont faits d'un seul rang de cellules, dont chacun a le fond plat. Les guêpiers sont habités, comme une ruche d'abeilles, par trois sortes de mouches : mâles, femelles et mulets. Les guêpes des environs de Cayenne font, avec une espèce de carton bien blanc, leur guêpier qu'elles attachent à une branche d'arbre : son enveloppe est une espèce de boîte longue de trente à quarante centimètres, de la figure d'une poire (1).

(1) Nous ne saurions trop recommander aux personnes qui pourraient se procurer un de ces guêpiers, d'examiner avec soin son intérieur; c'est le meilleur moyen d'acquérir une idée exacte de l'admirable instinct des guêpes. On comprendra que si les fonds des alvéoles sont plats, c'est parce qu'il serait très-incommode pour les guêpes, qui sont obligées de porter la becquée plusieurs fois par jour à leurs larves, de marcher sur des

Les Abeilles tapissières (mégachiles), O. des *Hyménoptères*, F. des *Mellifères*. — Ces abeilles font, avec différentes feuilles (chaque espèce en choisit une particulière), des nids dont l'extérieur ressemble assez à un étui couché horizontalement. La mouche creuse sous terre un trou capable de le contenir, ensuite elle fait son nid qui se compose de cinq à six petits étuis mis bout à bout (V. pl. VI, fig. 16, plusieurs de ces étuis réunis), faits de morceaux de feuilles et recouverts d'une enveloppe de feuilles également. Chaque étui ressemble à un dé à coudre ; leur arrangement est tel que le bout du second étui de la file entre et se loge dans l'ouverture du premier ; il en est ainsi des

fonds pyramidaux semblables à ceux des abeilles domestiques. On remarquera avec intérêt qu'entre chaque étage, il y a une colonnade formée par des liens, employés à suspendre le gâteau inférieur, et à le tenir attaché à celui qui le précède immédiatement : la sage disposition*, ainsi que le grand nombre de ces liens, nous prouve que ces insectes, comme presque tous les hyménoptères, sont pourvus d'une bien grande intelligence.

* Cette sage disposition consiste surtout à placer de très-gros liens au centre des gâteaux, pour donner plus de solidité à l'ensemble de l'édifice.

autres. Chaque dé de feuilles est une cellule où
une larve doit prendre son accroissement, et en
même temps un petit vase destiné à contenir
une pâtée où il entre du miel très-coulant. Il
faut donc que ce petit vase soit assez clos pour
contenir du miel ; il n'est pourtant fait que de
pièces appliquées les unes contre les autres, sans
y être aucunement collées ; elles demandent par
conséquent à être ajustées avec bien de la précision. Ce qui est de plus étonnant à observer,
c'est que la mère fait ce qu'aucun de nous ne
pourrait faire ; pour fermer hermétiquement
l'ouverture du petit vase, elle se rend sur la
plante qui doit lui fournir l'étoffe, pour ainsi
dire, dont elle a besoin : arrivée là, elle coupe
dans une feuille avec ses dents, comme nous le
ferions avec des ciseaux, des pièces circulaires
d'un diamètre égal à celui du petit vase qu'elle
a laissé loin de là ; enfin elle fait ce que nous
ne pourrions faire sans avoir ce modèle sous les
yeux. Ensuite elle s'en va boucher ce vase avec
un couvercle formé de ces rondelles aussi exactement appliquées contre ses parois que sont les

fonds de nos tonneaux contre les douves (V. pl.
VI, fig. 17) (1).

Les Abeilles maçonnes (Mégachile des murs),
O. des *Hyménoptères*, F. des *Mellifères*. —
Ces abeilles savent composer un très-bon mortier
avec lequel elles bâtissent leurs nids, qui sont des
assemblages de cellules renfermées sous une enveloppe commune. Au premier coup-d'œil, chaque
nid ne paraît qu'une petite masse de mortier
que des maçons ont laissée par négligence sur
un mur. Mais si l'on détache une de ces masses,
on trouve dans son intérieur huit ou dix cavités,
dont chacune est remplie par une larve et de la
pâtée. Toutes ces cellules, faites par une seule
mère, sont recouvertes par une épaisse couche
de mortier, afin que les dépôts précieux qui y
sont renfermés soient mieux défendus contre les
injures de l'air (2).

(1) Ces savantes abeilles ne font-elles pas ce qu'Ar-
chimède lui-même n'eut pas entrepris sans avoir à la
main son compas ?

(2) Toutes ces abeilles ont des dents assez fortes pour
faire un trou à leur habitation, lorsqu'elles doivent en
sortir.

Les Bourdons, O. des *Hyménoptères*, F. des *Mellifères* (V. pl. VI, fig. 18). — Les bourdons ont des nids artistement construits avec des brins de mousse liés ensemble par une espèce d'entrelacement, pour former une voûte épaisse qui empêche l'eau de pénétrer dans la cavité qu'elle couvre : il est à remarquer que ces insectes ont la sage précaution d'enduire toute la surface intérieure de cette voûte d'une couche mince d'une espèce de cire, pour empêcher l'eau des pluies trop continues de la percer. Ainsi que les abeilles, les bourdons ont des femelles, des mâles et des mouches sans sexe ; ils diffèrent des abeilles, en ce que tous travaillent. Si un observateur dérange leur nid et jette la mousse loin du nid, plusieurs bourdons, à la file les uns des autres, travaillent de concert à pousser cette mousse jusqu'au sommet pour le reconstruire (1). Les gâteaux qui occupent l'intérieur de leur nid

(1) Ce moyen qui certainement est fort ingénieux, ressemble beaucoup à celui qu'emploient nos couvreurs ; lorsqu'ils font ce que l'on appelle vulgairement *l'échelle*, pour transporter, sans se déranger de leur place, les tuiles jusqu'aux toits.

ne sont qu'un amas de coques oblongues, dont chacune a été filée par une larve prête à se métamorphoser en nymphe. La mère loge, dans une masse de pâtée, l'œuf qu'elle vient de pondre. Dès que la larve est éclose, il ne tient qu'à elle de manger ; elle naît au milieu d'une masse faite d'aliment le plus à son goût (1).

Les Papillons, O. des *Lépidoptères*, F. des *Diurnes*. — Ces insectes, dont les couleurs sont si ravissantes, ont des trompes roulées en spirale, comme le sont les lames d'acier dont sont

(1) On ne nous saura pas mauvais gré, puisque nous nous sommes proposé de faire connaître les mystères les plus remarquables du règne animal, de mettre en relief, autant que possible, certains actes d'intelligence, observés chez les insectes. En voici un qui nous a semblé bien remarquable : divers gros bourdons, lorsqu'ils ont essayé de pénétrer dans les corolles *tubulaires* de certaines fleurs, s'ils s'aperçoivent qu'ils ne peuvent y parvenir, font à la base de la corolle une ouverture à l'aide de leurs mandibules, et y insinuant leur trompe, ramassent le suc miellé que contiennent les nectaires. Si l'on voyait ces bourdons exécuter de prime abord cette opération, on serait tenté de l'attribuer à leur instinct ; mais comme il n'y ont recours qu'après avoir essayé d'introduire leur corps dans la fleur, nous sommes bien forcés de reconnaître que la raison les a guidés pour atteindre leur but.

faits les ressorts de montre ; il y en a qui font plus de sept à huit tours. Ces admirables trompes se déroulent à la volonté de l'insecte et pénètrent jusqu'au fond du calice des fleurs les plus profondes pour en extraire les sucs.

Certaines de leurs chenilles nous prouvent qu'elles connaissent parfaitement le temps de leur transformation en chrysalide, et que la nature leur a donné les moyens de ne pas être exposées à une trop grande humidité, et d'échapper à la plupart de leurs ennemis pendant cette espèce de sommeil ; puisque plusieurs espèces se pendent auparavant la tête en bas, en attachant leur queue contre quelque corps élevé (**V**. pl. **VI**, fig. 19) (1); d'autres espèces sont posées hori-

(1) **Décrivons**, en peu de mots , les moyens que la chenille emploie pour procéder à cette opération qui doit vivement nous intéresser : elle couvre d'abord une surface d'un millimètre environ de diamètre, de fils de soie, comme si elle voulait fabriquer une étoffe. Le dessous d'une feuille, ou la surface inférieure de quelque corps solide est toujours choisie pour étendre ce tapis, au milieu duquel elle forme un petit cul-de-lampe composé également ment de fils de soie, mais filés en manière de boucle. Cet ouvrage étant terminé, la chenille se retourne, appuie ses jambes postérieures contre ce petit tas et parvient à

zontalement, leur ventre est appliqué contre le
dessous de quelque voûte ou de quelque corps
saillant, au moyen d'une ceinture qu'elles se font
et qui soutient leur corps (V. pl. VI, fig. 20).
Chacun des bouts de cette espèce de petit câble est
collé contre le bois ou contre la pierre, à quelque distance de la chrysalide.

Pour bien concevoir toutes les difficultés de
cette opération, il faudrait se représenter un
homme sans bras, couché de son long sur son
ventre, auquel on aurait ordonné de se servir
de sa bouche, pour se passer une ceinture sur le
milieu du corps, et de l'attacher lui-même sur le
plancher aux deux côtés de ses reins. On comprend qu'il serait impossible à cet homme d'exé-

accrocher à ces boucles, les ongles crochus de ses pieds.
Lorsque la chenille les sent bien pris, elle s'abandonne
et laisse tomber son corps qui reste pendu par les pieds
de derrière. C'est dans cet état qu'elle doit se changer
en chrysalide. Dans une minute, elle se dépouille de sa
peau de chenille, et par une habile manœuvre, elle
attache sa queue qui est garnie d'une espèce de petite
rape, sur le petit tas de soie*.

* Ne nous lassons pas d'admirer les moindres objets : la chrysalide n'ayant
plus de pieds pour s'accrocher, l'auteur de la nature a eu le soin de munir
sa queue de cette espèce de râpe indispensable pour se pendre.

cuter cet ordre ; hé bien ! c'est cette tâche que les chenilles remplissent à merveille en procédant ainsi : lorsque la belle chenille du chou sent approcher le moment de sa métamorphose, elle s'applique contre un mur sur lequel elle jette un tapis de soie de toute la longueur de son corps. A un des bouts de ce tapis elle élève un petit monticule de soie dans lequel elle embarrasse les oncles de ses pieds de derrière, pour être attachée par une de ses extrémités. Ensuite elle approche premièrement sa tête d'un de ses flancs et colle tout auprès sur ce même tapis le fil de soie qui doit la ceindre. Ce premier bout de fil collé, l'insecte doit le faire passer du côté opposé. Notre ingénieuse chenille sentant bien qu'elle donnera trop de longueur à son fil, si elle le conduit avec sa tête, en se remettant en droite ligne avec le corps, et se courbant ensuite de l'autre côté, elle reste pliée et fait monter alors cette partie pliée de son corps, sur celle qui est restée étendue. Sa tête ne fait que s'élever en roulant jusque sur son dos (V. pl. VI, fig. 24) ; et alors la filière est tournée vers le ciel, tirant son fil après elle pour le fixer de l'autre côté. Cette habile manœuvre, répétée plus de quarante fois de suite, fournit un lien solide, duquel la chenille retire sa tête pour s'étendre, en attendant qu'elle se dépouille de son enveloppe.

D'autres procédés non moins ingénieux sont suivis par d'autres espèces de chenilles. Nous ne pouvons les décrire tous ; celui que nous venons de faire connaître suffira pour donner une idée de cette industrie admirable, et de cette connaissance de l'avenir que Dieu a accordée aux insectes, pour se garantir de tout danger et arriver à leur état parfait.

Les Sphinx, O. des *Lépidoptères*, F. des *Crépusculaires*. — Ces lépidoptères sont ainsi nommés, à cause de l'attitude de plusieurs de leurs chenilles, semblable à celle du Sphinx de la fable ; et papillons bourdons, à cause du bourdonnement que l'insecte parfait fait entendre souvent lorsqu'il vole. Un caractère qui est particulier à la plupart d'entre eux, ainsi qu'aux phalènes ; c'est d'avoir près de l'origine du bord

externe de leurs ailes inférieures, une soie raide,
écailleuse, en forme d'épine ou de crin, qui
passe dans un crochet du dessous des ailes supérieures, et dont l'usage est de favoriser le vol
de l'insecte en unissant les deux ailes de chaque
côté, de manière qu'elles forment un plan unique
et offrent une plus grande surface à la résistance
de l'air (1).

Le GRAND-PAON, O. des *Lépidoptères*, F. des
Nocturnes. — Nous citons ce beau lépidoptère
comme offrant un exemple de ce que ces insectes
peuvent faire de plus remarquable pour se mettre
à l'abri de leurs ennemis lorsqu'ils sont à l'état
de chrysalide. Nous voulons parler de leurs coques : la plus admirable, et celle qui nous fait le
mieux voir jusqu'où va la portion d'intelligence
départie aux insectes, est celle du Grand-Paon.
On l'appelle coque en nasse. Pour bien en comprendre l'artifice, il faut admettre une chose,
c'est que la chenille connaît son état présent et

(1) Il serait bien difficile d'expliquer seulement, par
le système de M. de Lamark, le développement de ces
petits crochets qui rendent le vol du sphynx si rapide.

futur, qu'elle sait qu'il est indispensable qu'elle se construise elle-même une retraite pour y pouvoir subir tranquillement sa métamorphose ; que cette habitation doit être si forte et si bien close qu'elle soit impénétrable aux efforts des insectophages, ses ennemis redoutables ; elle sait que, changée en chrysalide, elle sera très-faible, incapable d'aucune défense, qu'elle y passera plusieurs mois ; qu'après ce temps elle sera changée en un papillon, mais que ce papillon n'aura point d'organe propre à percer les murs d'une si forte prison ; qu'elle doit par conséquent lui ménager une issue ; et en même temps que cette issue ne soit un passage que pour lui seul et n'en soit point un pour les animaux qui pourraient venir la troubler. La coque de la chenille du Paon répond parfaitement à toutes ces vues ; c'est ce dont on ne saurait être trop émerveillé : elle est faite en poire (V. pl. VI, fig. 22) ; son étoffe est un tissu de soie brune fortement gommé ; son épaisseur est telle qu'elle ressemble à du parchemin sec, elle est indissoluble à l'eau bouillante. La pointe de cette coque se termine par des bouts de fils réunis en pointe (V. pl. VI, fig. 22), mais non collés les uns aux autres, et pouvant s'écarter facilement. C'est dans cette négligence apparente que consiste l'industrie de notre insecte. Pour bien comprendre la construction de cette coque, il faut se représenter une nasse qui sert à prendre le poisson; mais une nasse retournée, composée de deux entonnoirs qui ont leurs pointes en dehors. Ces deux entonnoirs, présentent un double rang de piquants qui se rassemblent en pointe par leur extrémité, et présentent un redoutable obstacle aux ennemis du dehors, tandis que cette savante disposition offre au papillon une sortie facile, puisqu'il n'aura que quelques efforts à faire pour écarter ces fils droits qui se prêtent comme des ressorts.

Nous ajouterons à ces petits mystères trop peu connus, que d'autres chenilles ont le soin de ménager à leur coque une espèce de porte que le papillon, lorsqu'il veut en sortir, soulève avec sa tête comme un petit couvercle muni d'une charnière; d'autres coques, qui sont hermétiquement fermées, sont alors percées par l'insecte qui possède un suc qui dissout parfaitement la matière dont la coque est faite.

Les Demoiselles (Libellules), O. des *Névroptères*, F. des *Subulicornes* (V. pl. VI, fig. 24). — Ces insectes si remarquables par leurs formes sveltes et leurs ailes semblables à une gaze, ornée de jolies couleurs éclatantes, le sont encore plus, lorsqu'ils sont à l'état de nymphes. Certaines espèces sont pourvues de belles machines qui ont deux volets avec lesquels elles attrapent des insectes, et les tiennent pendant que les dents les dépiècent et les hachent (V. pl. VI, fig. 26). D'autres espèces ont de grands crochets (1) disposés de manière

(1) La présence de ces longs crochets chez des larves qui sont voraces, et dont les mouvements sont trop lents pour leur permettre de poursuivre leur proie, n'est-elle pas encore une preuve évidente des soins que la nature a pris, de donner à chaque animal des organes qui atténuent les défauts qui auraient pu l'empêcher de subsister? Cette longue palette qui se déploie subitement comme un ressort qui se détend, pour saisir la proie avec ses tenailles ou crochets, et la rapporter contre les mâchoires, n'est-elle pas faite exprès pour contrebalancer

à pouvoir les allonger comme des bras pour saisir les insectes qu'elles veulent dévorer (V. pl. **VI**, fig. 27). Les larves et les nymphes des libellules (V. pl. **VI**, fig. 25) vivent dans l'eau comme de vrais poissons ; pour respirer elles font entrer une grande quantité d'eau dans leur intestin, qui est garni à l'intérieur de douze rangées de petites taches noires, symétriques, composées de petits tubes respiratoires ; puis, dès que cette eau est épuisée de l'air qu'elle contient, elles la rejettent avec force et se procurent ainsi le moyen de se déplacer à volonté, à la manière des pièces d'artillerie qui reculent lorsqu'elles partent.

Les Épnémèries, O. des *Névroptères*, F. des *Subulicornes* (V. pl. **VI**, fig. 28). — Les éphé-

la lenteur de ces insectes ? N'est-ce pas là encore un puissant-argument à opposer au système de M. de Lamarck ? La description que nous faisons de ces admirables armes (description qu'il faut suivre sur les figures ; voir les figures et les explications), ne prouve-t-elle pas jusqu'à l'évidence que, des efforts réitérés pour atteindre une proie, ne peuvent augmenter à un tel point le développement de certaines parties, et qu'il est impossible que ces mêmes efforts produisent des organes aussi parfaits ?

mères sont ainsi nommés à cause de la brièveté de leur vie à l'état d'insecte parfait (plusieurs espèces vivent seulement quelques heures). Leurs nymphes (V. pl. VI, fig. 29) après avoir vécu plusieurs années dans l'eau comme des poissons (1), en sortent à jour fixe pour se métamorphoser en une espèce de mouche très-jolie. Ces insectes sont en si grand nombre que l'on en a vu des couchés de vingt-cinq à trente centimètres d'épaisseur.

La chûte d'une espèce remarquable par la

(1) Observés à l'état de nymphes, et à celui d'insectes parfaits, ces névroptères présentent un singulier contraste ; vivre deux à trois ans, dans l'eau, cachés souvent dans la vase, ou dans des trous pratiqués dans la terre glaise baignée par l'eau ; porter de chaque côté de l'abdomen des espèces de fausses branchies, sur lesquelles les trachées s'étendent et se ramifient ; nager et respirer à l'aide de ces singuliers et admirables organes ; sortir de l'eau pour se transformer ensuite en une jolie mouche ; ne vivre dans ce nouvel état que le temps suffisant pour travailler à la propagation de l'espèce, c'est-à-dire s'accoupler et ensuite répandre ses œufs dans l'eau ; puis mourir sans même avoir mangé ; n'est-ce pas là une vie qui serait prise pour une fable, si ces faits n'étaient attestés par tous les naturalistes ?

blancheur de ses ailes, renouvelle à nos yeux le spectacle de ces jours d'hiver où l'on voit tomber la neige par gros flocons.

Les Cochenilles, O. des *Hémiptères*, F. des *Gallinsectes* (V. pl. VI, fig. 23). — Ces insectes singuliers passent une bonne partie de leur vie, appliqués contre des branches d'arbres, sans se donner aucun mouvement sensible ; ils semblent faire corps avec les tiges sur lesquelles ils sont attachés. Les mâles diffèrent totalement des femelles, et sont si petits, comparativement à elles, qu'ils se promènent sur leurs corps comme sur un terrain spacieux. Les femelles ressemblent à une masse informe et sans vie, et quoique certaines espèces ne soient pas plus grosses que des grains de poivre, elles pondent des milliers d'œufs, meurent peu de temps après, et ce qu'il y a de plus étonnant, c'est que leur cadavre forme une coque solide, sous laquelle les petits éclosent et vivent comme dans une espèce de boîte (1).

(1) La nature a réservé une porte pour la sortie de la nichée ; elle a fait en sorte qu'une petite portion de la

Les **Hémérobes**, O. des *Névroptères*, F. des *Subulicornes*. — Ces insectes nommés *demoiselles terrestres*, à cause des rapports extérieurs qu'ils ont avec les *demoiselles aquatiques*, ont leurs ailes revêtues de jolies couleurs, et les yeux souvent ornés de belles couleurs métalliques. Plusieurs espèces répandent une odeur forte d'excréments. Les femelles ont une manière fort remarquable de placer leurs œufs, elles les fixent par le moyen d'un pédicule long et capillaire qu'elles filent : elles attachent une de ses extrémités sur les feuilles des plantes sujettes à être sucées par des pucerons, et collent l'œuf à l'autre extrémité ; de sorte que l'on dirait de petites plantes qui ont crû sur une autre : éviter les insectes qui pourraient détruire leurs œufs, et mettre les larves qui doivent en sortir en position de se trouver au milieu des pucerons à leur naissance ; tel est le but que se propose leur admirable prévoyance. On nomme *lion des*

partie postérieure de la gallinsecte mère ne fût pas appliquée contre l'arbre. Ce sont ces gallinsectes qui nous fournissent la belle couleur cramoisie et l'écarlate.

pucerons les larves des hémérobes, parce que l'on a comparé le ravage qu'elles font chez les pucerons, à celui que fait un lion chez les quadrupèdes. Ces larves portent, comme le formica-leo, deux cornes redoutables, qui leur tiennent lieu de bouche et d'armes offensives pour percer et sucer les insectes qu'elles saisissent.

Si ces terribles mangeuses de pucerons se trouvent au milieu d'un troupeau de ces insectes pacifiques, leur présence ne les effraie pas ; aussi portent-elles la mort de tous côtés ; tout ce qui se trouve sur leur passage disparaît avec une promptitude surprenante (1).

(1) Quelqu'inexplicable que soit pour nous la création d'un insecte qui semble avoir pour mission de détruire tant d'autres individus, nous sommes forcés de reconnaître que cet insecte est utile ; puisque sans lui, les pucerons couvriraient en peu de temps toute la surface de la terre ; tant leur multiplication est prodigieuse.

FIN.

EXPLICATION

DES PLANCHES.

PLANCHE PREMIÈRE.

FIGURE 1*.

Le bateau que le cousin fait avec ses œufs.

FIGURE 2.

La nymphe du cousin, entièrement allongée.

FIGURE 3.

Un œuf séparé des autres.

On voit l'ouverture avec son bouchon fait d'une ma‑
tière cristalline.

FIGURE 4.

Un cousin presque entièrement sorti de son
enveloppe de nymphe, dans laquelle il est
comme dans un bateau auquel il sert de mât.

* Presque toutes les figures ont été grossies au microscope.

FIGURE 5.

Une femelle occupée à faire sa ponte ; elle a les quatre premières jambes appuyées sur une feuille qui flotte sur l'eau.

FIGURE 6.

Un cousin mâle très-grossi.

On remarque ses yeux à réseau, ses antennes à barbes, sa trompe, et les deux pièces terminées par des pennages qui lui servent de fourreau.

PLANCHE II.

FIGURE 1.

Cette figure représente la partie antérieure d'un cousin, vue en-dessus, avec sa trompe.

a, a. Les antennes.
b, b. Deux barbes.
    f. La trompe, ou, plus exactement l'étui de l'aiguillon.
    g. Le bouton par lequel cet étui est terminé. On voit dans toute sa longueur une légère fente qui est celle qui s'ouvre davantage pour laisser sortir l'aiguillon.

FIGURE 2.

La figure 2 fait voir la partie antérieure d'un cousin, avec son aiguillon autant enfoncé qu'il

le peut être : le fourreau alors est plié en deux,
à l'exception de son bouton, et de la partie
près de sa base, qui se joint à la tête.

a, *a*. Antennes coupées.
   b. Les deux barbes.
   f. Le fourreau.
   g. Bouton qui reste toujours appliqué contre le bord
      du trou que l'aiguillon a percé dans la chair ; il
      est à remarquer que ce bouton soutient l'aiguil-
      lon, et l'empêche de vaciller.
c, *c*. Morceau de chair dans lequel on suppose que le
      cousin fait entrer sa trompe : on a ôté de cette
      figure les deux pièces *cp*, *cp* de la figure 5.

FIGURE 5.

Un aiguillon qui commence à s'introduire
dans la chair.

   d. L'aiguillon.
   f. Le fourreau.
a, *a*. Antennes coupées.
   b. Barbes.
cp, *cp*. Les pièces qui servent de fourreau à l'étui de
      l'aiguillon, et qui sont alors relevées.
   g. Bouton de l'étui de l'aiguillon,
c, *c*. Morceau de chair.

FIGURE 4.

Représente un ver (larve) de cousin, vu de
côté, dans la position où il est lorsque, tran-

quille dans l'eau, il tient à sa surface le bout du tuyau avec lequel il respire l'air.

> *r.* Bout du tuyau de la respiration, que le ver met de niveau avec la surface de l'eau.
>
> *a.* Tuyau plus court que le précédent, et qui tire de même son origine du dernier anneau; il donne sortie aux excréments.
>
> *p, p.* Poils disposés en entonnoir autour de l'anus, ou de l'ouverture du dernier tuyau.
>
> *n, n.* Nageoires articulées au bout de ce tuyau; il y en a quatre, quoiqu'il n'en paraisse souvent que deux.
>
> *i, i.* Tête.
>
> *d, d.* Antennes.
>
> *c, c.* Deux crochets que l'insecte tient dans un mouvement continuel.
>
> *e, e.* Le premier anneau qui lui tient lieu de poitrine.
>
> *f.* Le reste du corps composé de huit anneaux.

FIGURE 5.

Cousin mâle de grandeur naturelle.

FIGURES 6, 7 ET 8.

Ces figures nous montrent les différences observées dans les pointes des diverses pièces de l'aiguillon.

FIGURE 9.

Le bout d'un étui d'aiguillon.

f. Partie de l'étui.

g. Le bouton.

d. Pointe de l'aiguillon qui sort par le bout du bouton.

FIGURE 10.

La tête du cousin est vue en-dessus.

f, g. L'étui; on y distingue au-dessus une espèce de coulisse, qui est la fente qui a permis à l'aiguillon de sortir.

d. L'aiguillon, composé, dans la plus grande partie de sa longueur, de toutes ses pièces, à une près, *i*, qui s'est entièrement séparée des autres; mais près de sa base, en *b*, on distingue quatre pièces différentes.

PLANCHE III.

FIGURE 1.

Tête d'une mouche bleue de la viande, vue de face.

a, a. Les antennes.
p, p. Poils des antennes.
i, i. Les yeux.
   c. Cavité dans laquelle la trompe est retirée.
   l. Le bord des lèvres de la trompe.

FIGURE 2.

Est celle d'une trompe gonflée et étendue en ligne droite, vue de côté.

f, d, n. La partie conique.

    n, o. La partie qui est terminée par les lèvres. En-dessus, en *o, n,* est la coulisse dans laquelle l'aiguillon et son étui sont cachés.

    l. Les lèvres.

b, b. Les deux barbes de la trompe.

    i. Les yeux.

    a. Les antennes.

FIGURE 3.

Mouche bleue de la viande.

FIGURE 4.

Partie antérieure très-grossie du ver (larve) de la figure 5, et vue de côté.

c, c. Les crochets.

    e. Une des deux espèces de cornes charnues.

    u. Un des stigmates antérieurs.

FIGURE 5.

Ver qui doit devenir une grosse mouche bleue de la viande.

t. Ses crochets.

FIGURE 6.

Coque dont une mouche est sortie.

a, b. Marquent une demi-calotte, de laquelle une demi-calotte pareille a été détachée.

FIGURE 7.

Demi-calotte qui était posée en *a, b,* fig. 6.

FIGURE 8.

Représente une mouche qui a fait sauter entièrement la calotte du bout antérieur de sa coque, et dont la tête est à découvert.

FIGURE 9.

Montre une des formes que la mouche naissante peut faire prendre à sa tête, pour faire sauter les deux calottes du bout antérieur de sa coque.

m. Museau oblong.
y, y. Les antennes.
o, o. Les yeux à réseau.

FIGURE 10.

Une nymphe presque à terme, entièrement hors de sa coque.

y, y. Les antennes.
o, o. Les yeux.
q, q. Poils qui sont en devant et en-dessous de la tête.
t, f, l. La trompe.
p, p. Poils couchés sur le corps.
i, i. Les jambes de la dernière paire.
a, a. Les ailes.

FIGURE 11.

Un taon de la grande espèce qui se voit au printemps.

FIGURE 12.

Le bout d'une trompe de la figure 2; les deux lèvres sont gonflées.

l, l. Les lèvres.

    y. Leur partie inférieure. Près d'*y*, on voit un endroit qui semble percé, et qui ne l'est pas, il n'est rempli que par une membrane très-mince qui sert de bride aux lèvres, et qui les empêche de s'écarter trop l'une de l'autre. Au-dessous de *o*, est l'ouverture où aboutit la pointe de l'aiguillon, et où se rend la liqueur poussée par les lèvres.

FIGURE 13.

Une mouche grise vivipare (**G. sarcophage**).

FIGURE 14.

Montre encore une trompe de la grosse mouche bleue de la viande, dont la partie terminée par les lèvres *l, l,* est allongée, et dont la partie en entonnoir n'est pas entièrement sortie de sa cavité.

    n. La jonction de la partie conique avec l'autre.

s, t. L'étui de l'aiguillon, et qui est en même temps le suçoir.

z, u. L'aiguillon hors de son étui.

k, k. Deux petits enfoncements dont l'usage est inconnu.

    r. Coulisse charnue.

    d. Poils.

FIGURE 15.

Une trompe de mouche en forme d'abeille.

l, l. Les deux lèvres.
r, r. La coulisse.
  s. L'étui du grand aiguillon.
  e. Le grand aiguillon.
k, k. Les deux fourreaux des petits aiguillons.
i, i. Les deux petits aiguillons.

Cette trompe est très-remarquable dans toutes ses parties.

FIGURE 16.

Un bout du pied d'une mouche bleue de la viande, très-grossi et vu par-dessous.

  q. L'endroit où le bout du pied a été séparé de la partie avec laquelle il était articulé.
x, x. Grands poils dont il est bordé de chaque côté.
p, p. Les deux pelotes du pied.
c, c. Les bouts des deux crochets.

FIGURE 17.

Une trompe de la mouche bleue de la viande, vue par-dessus et allongée, ayant ses lèvres gonflées.

d, d. Base de la partie conique de la trompe. On n'a représenté ici qu'une partie de la tête, que la partie où est la cavité d'où la trompe sort.
a, a. Les deux fossettes où les antennes sont souvent couchées.

23*

b, b. Les barbes.

l, l. Les grosses lèvres.

m, m. Deux petits mamelons charnus qui recouvrent et arrêtent le bout de l'étui de l'aiguillon.

s. L'étui de l'aiguillon dont on ne voit que la surface supérieure, parce qu'il est logé dans sa coulisse charnue. Près de *n, n*, est la base de l'étui de l'aiguillon.

n, n. Deux filets noirs qui sont dans l'intérieur de la trompe, et que la transparence permet de distinguer.

i, i. Deux autres filets noirs comme les précédents.

f, f. Partie brune qui est encore dans l'intérieur de la trompe.

FIGURE 18.

La figure 18 a été dessinée d'après la tête du taon de la figure 11.

i. Un des yeux.

b. Une des barbes relevée; l'autre barbe a été coupée en *o*.

e. Les aiguillons réunis, et hors de la coulisse, dans laquelle ils sont cachés.

l. Les lèvres appliquées contre le dessous de leur tige.

a, a. Antennes.

FIGURE 19.

Cette figure fait voir les pièces qui sont rassemblées en *e*, fig. 18, écartées les unes des autres.

b, b. Endroit où les barbes de la trompe ont été coupées.

c, *d*. La pièce qui couvre tous les aiguillons par-dessus ;
on l'a coudée en *d*, pour la relever davantage.

e, *e*. Les deux aiguillons les plus minces, et faits en
lame de lancette.

f, *f*. Les deux aiguillons à coulisse.

g. La lame de dessous.

PLANCHE IV.

FIGURE 1.

Une matrice tirée du corps d'une mouche
grise vivipare, vue en grand.

La partie *nm*, a été tirée de dessus le rouleau *oo*, *p*.
Dans le bout *p* du rouleau, on voit la tranche de l'espèce
de lame qui le forme ; cette tranche a une épaisseur égale
à la longueur d'un ver (larve). Sur la partie de la lame
vue à plat, comme en *oo*, en *n*, et chacun des petits ronds
qui y sont visibles, est un des bouts d'un ver. En *m*, la
lame a été comme déchirée, on y voit plusieurs vers
qui sont droits ou inclinés différemment les uns par
rapport aux autres ; au lieu qu'auparavant ils étaient
tous couchés parallèlement les uns aux autres.

FIGURE 2.

Fait voir un ver à queue de rat, du côté
du dos, un ver métamorphosé sous sa peau.

i, *i* ; *c*, *c*. Quatre cornes dont les deux, *c*, *c*, ont percé
la peau du ver, et se sont élevées au-dessus.

r, *s*. Tuyau de la respiration qui sort du tuyau *s*, *q*.

FIGURE 3.

Coque dont le bout antérieur a été emporté pour mettre à découvert la partie antérieure de l'insecte, et surtout pour faire voir l'origine des deux grandes et singulières cornes qui ont crû sur la coque.

c , *c*. Les deux grandes cornes ; dans le sens où elles sont vues, elles cachent les deux petites.

u, *u*. Vessies blanches et transparentes d'où les cornes *c*, *c*, tirent leur origine.

e , *e*. Endroit où chaque vessie part du corcelet.

r, *s*. Tuyau de la respiration qui sort du tuyau *s*, *q*.

FIGURE 4.

Ver à queue de rat, vu par-dessous et avant sa métamorphose ; il est placé comme s'il était dans l'eau.

a. Le bout antérieur du ver.

q , *r*. Sa queue composée de deux tuyaux *qs*, *sr*. Le gros est l'étui du petit qui sert à la respiration. Les points bruns et alignés qui paraissent sur le ver de cette figure, sont les jambes.

FIGURE 5.

Ver des intestins des chevaux.

f, *i*. Ses crochets ; on voit distinctement les épines triangulaires qui bordent ses anneaux.

FIGURE 6.

Le corselet et le corps d'une cigale mâle, dont le corps a été ouvert par-dessus. Cette figure est très-propre à donner une idée des parties d'où dépend le chant de la cigale.

m, m. Les deux miroirs vus du côté du dos.

f, f. Deux muscles composés de fibres droites. Chaque muscle *f*, est destiné à faire jouer la timbale vers laquelle il se dirige.

t, t. Les deux timbales, qui ont été mises à découvert. Les muscles *f, f*, sont appuyés sur le triangle écailleux du côté où il est concave. Vers la partie postérieure du corps, on voit en *s*, des vaisseaux blancs ; ces vaisseaux sont pleins de la liqueur nécessaire à la fécondation des œufs.

FIGURE 7.

Un œstre mâle provenant du ver des intestins du cheval de la figure 5.

FIGURE 8.

Une mouche à scie, qui fait les entailles où elle loge ses œufs, dans les grosses côtes des feuilles des rosiers.

FIGURE 9.

Représente le bout très-grossi, et une petite partie d'une des scies *eas* ou *zd* de la figure 18.

p, p, p. Les dents semblables à celles d'un peigne, distribuées en autant de rangs qu'il y a de dents sur le tranchant de la scie ; la face où elles sont, l'extérieure, a quelque convexité.

as, d, d, d. Les grandes dents de la scie, qui sont elles-mêmes dentelées ; leurs dentelures sont inclinées vers la pointe de la scie.

FIGURE 10.

Une nymphe de cigale, vue par-dessous.

t. Sa trompe.

On peut remarquer ses énormes pattes antérieures, si bien organisées pour creuser la terre.

FIGURE 11.

Un syrphe ; espèce de mouche provenant des vers à queue de rat.

FIGURE 12.

Un ver à queue de rat très-grossi et vu par-dessus.

to, to. Les deux grosses trachées, réservoirs à air, sont très-remarquables.

z, z. Plis et replis que font les portions déliées de ces trachées, lorsque le tuyau de la respiration *rs* descend jusqu'en *q* dans le tuyau *sq.*

FIGURE 13.

Le bout de la queue *rs* d'un ver à queue de rat, vu très en grand.

c, c, c, c, c. Cinq espèces de pinceaux disposés comme les rayons d'une étoile autour du mamelon *r*, qui donne passage à l'air : ces pinceaux sont faits de poils qui peuvent s'écarter les uns des autres, et qui nageant à la surface de l'eau, soutiennent au-dessus de cette surface le mamelon du bout de la queue.

FIGURE 14.

Les deux muscles *kf*, *kf*, tirés de dessus le triangle écailleux sur lequel ils sont appuyés. Des fibres *i*, qui partent d'une plaque presque cartilagineuse, posée sur le bout d'un de ces muscles, vont se joindre à la timbale *t*. (V. f. 6.)

FIGURE 15.

Une partie de la tarière d'une cigale.

La pointe *p*, de la lime *pl*, est beaucoup descendue au-dessous de la pointe *p*, de la lime *ps*, et on eût été maître de la faire descendre davantage.

FIGURE 16.

Coque qu'un ver des intestins du cheval s'est faite de sa propre peau.

a. Son bout antérieur.
p. Son bout postérieur.

FIGURE 17.

Une nymphe de ver à queue de rat, qui a

été tirée de sa coque, très-grossie et vue de face : la partie de la coque qui a été détachée pour en sortir, est sur la tête de cette nymphe.

i, i. Les deux petites cornes ou les cornes antérieures.

t, t. Marquent deux trachées dont chacune part d'une des cornes et va se rendre au corselet de la nymphe.

Les jambes, les ailes et la trompe de la mouche se voient très-distinctement.

FIGURE 18.

Les scies de la mouche à scie. On a séparé l'une de l'autre les deux scies, qui ensemble composent la double scie.

cr. Une des pièces écailleuses, qui fait un des côtés de la coulisse.

easx. Une des scies qui a été tirée de la coulisse, et jetée sur le côté.

zdt. L'autre scie qui est restée en place, et qui est en partie dans sa coulisse.

t. Partie de la queue de la scie *z.*

x. Partie de la queue de la scie *s.*

FIGURE 19.

Une cigale mâle de la grande espèce, vue par dessous.

u, u. Les deux volets qui couvrent les endroits où sont les organes qui modifient le chant.

a, a. Les antennes.

i, i. Les yeux à réseau.

p. Le prolongement de la tête, d'où la trompe part.

t. La trompe.

z. Partie postérieure du corps.

FIGURE 20.

Les deux limes de la cigale sont retirées de dessus leur support.

tcer. Leur support, sur la face et sur l'épaisse tranche duquel on voit des languettes et des cannelures.

ps. Une des limes.

pl. L'autre lime. Le sens dans lequel cette dernière se présente, permet de voir qu'elle a des cannelures et des languettes propres à s'assembler réciproquement dans les languettes et les cannelures du support.

aa. Partie de l'anneau dans lequel se loge la tarière.

PLANCHE V.

FIGURE 1.

Un des ovaires d'une mère abeille, et le conduit par lequel passent les œufs pour sortir du corps.

ahtooo. Ovaire qui est composé d'un grand nombre de vaisseaux tels que celui qui est marqué *aooot*, dans chacun desquels des œufs sont mis à la file.

t, c. Un des conduits auquel aboutissent tous les vaisseaux de l'ovaire.

c. Œufs qui paraissent dans le conduit.

— 278 —

FIGURE 2.

Une abeille domestique femelle.

FIGURE 3.

Une trompe allongée, vue par-dessus, et de laquelle ont été écartés les demi-étuis extérieurs et les intérieurs.

> *b.* Bouton par lequel la trompe est terminée.
>
> *bt.* La partie antérieure de la trompe qui s'étend un peu par de là *g ,g*, jusques vers *l, l* ; car c'est vers *l, l* qu'elle peut être pliée en deux. La partie *t, b,* est toute couverte de poils ; celle qui la suit l'est aussi jusques près de *g, g.* Mais une ligne droite paraît partager également en deux parties les poils qui sont depuis *t,* jusques près de *g, g.* L'origine de l'un et de l'autre demi-étui intérieur est près de *g, g.*
>
> *c, c.* Ces demi-étuis.
>
> *h, h.* Espèces de barbes composées de trois ou quatre articulations. Ces barbes sont ordinairement perpendiculaires à l'axe de la trompe. Au-dessous de chaque *g,* est une tache brune formée par une partie qui embrasse la trompe et la fortifie.
>
> *fi, fi.* Les deux demi-étuis extérieurs, et les plus grands, qui ont une espèce de côté *fi*, qui fait la séparation de la partie destinée à couvrir le dessus de la trompe, et de celle qui l'est à couvrir un des côtés.
>
> *k, k.* Les tiges des demi-fourreaux précédents,
>
> *d, d.* Les dents.

Observation. Pour s'assurer que l'abeille conduit le miel à sa bouche, en le faisant passer tout du long de la partie supérieure de la trompe, Réaumur a placé, avec la pointe d'une épingle, une très-petite goutte de miel sur cette trompe, après en avoir préalablement écarté les étuis; il s'est convaincu que la goutte de miel que les étuis ont recouverte une fois remis en liberté, a toujours été poussée dans la bouche.

FIGURE 4.

Une tête d'abeille vue par-dessus, dont la trompe est allongée et portée en avant.

a, a. Les antennes.
y, y. Les yeux à réseau.
l. La lèvre supérieure.
d, d. Les dents.
f, f. Les deux pièces qui ensemble forment le fourreau extérieur, le grand fourreau de dessus et des côtés de la trompe.
h, h. Bouts des deux pièces qui composent le petit étui, celui des côtés.
t. Bout de la trompe.

FIGURE 5.

La xylocope violette (vulgairement, abeille ménuisière, ou perce-bois).

FIGURE 6.

Un œuf d'abeille domestique.

FIGURE 7.

Une larve d'abeille (ver) roulée dans une cellule qui a été à moitié ouverte tout du long.

FIGURE 8.

Une nymphe d'abeille, vue du côté du ventre.

FIGURE 9.

Un aiguillon d'abeille avec toutes ses dépendances.

gd, *ed*. Les deux aiguillons.

    f. L'étui dans lequel ils sont logés à côté l'un de l'autre.

d, *d*. Les pointes dentelées des deux aiguillons qui, appliquées l'une contre l'autre, ne forment qu'une seule pointe très-aiguë.

m, *n*, *o*. Les trois feuilles membraneuses et cartilagineuses liées par deux espèces de pédicules à la base d'un aiguillon, et qui servent à le faire jouer.

x, *x*. Sont des muscles qui mettent en mouvement les parties précédentes.

    u. La vessie qui contient le venin.

    r. Le conduit par lequel cette liqueur est portée dans l'étui des aiguillons.

    s. Vaisseau long et tortueux, qui a été coupé, par lequel apparemment la liqueur vénimeuse se rend dans la vessie.

FIGURE 10.

Une partie du fourreau des aiguillons, du

côté où l'on peut voir qu'il est un tuyau ouvert dans toute sa longueur.

FIGURE 11.

Une jambe de la troisième paire, vue par sa face intérieure ; c'est la jambe qui est vue par sa face extérieure dans la figure 12.

p. La palette triangulaire.

b. La brosse formée par diverses bandes de poils parallèles les unes aux autres.

q. Le pied.

FIGURE 12.

Jambe d'une abeille ouvrière de la troisième paire, vue par sa face extérieure.

a. La partie qui est articulée avec le corselet.

cc. La cuisse. La partie *p*, qui suit la cuisse a été nommée la palette triangulaire ; c'est cette corbeille qui est destinée à recevoir les poussières des étamines.

b. La brosse.

q. Les diverses articulations qui composent le pied.

c, c. Deux grands crochets.

i, i. Deux autres crochets plus petits.

FIGURES 13 ET 14.

Les dents de l'abeille perce-bois de la figure 5.

FIGURE 15.

La tête de l'abeille perce-bois de la figure 5,

4*

avec sa trompe allongée et développée en partie, vues par-dessous et très-grossies.

> *o.* Le trou autour duquel le cou est attaché.
> *p, p.* Grands poils dont le dessous de la tête est couvert.
> *d, d.* Les dents.
> *f, f.* Les deux demi-fourreaux extérieurs de la trompe, ou les deux grands.
> *k, k.* Les demi-fourreaux intérieurs, ou ceux qui sont étroits.
> *t.* La trompe.

FIGURE 16.

La nymphe de l'abeille perce-bois, vue du côté du ventre.

FIGURE 17.

La figure 17 est un plan fait par la coupe longitudinale d'un morceau de bois percé, presque dans toute sa longueur, par une mouche perce-bois de la figure 5.

> *a, b, c, d, e, f, g, h,* marquent les différentes cloisons construites par la mouche pour diviser le trou en cellules. Cette figure a été dessinée pour montrer les directions des trois autres trous *a, s, r.* La cellule *g* montre une larve sur sa pâtée.

FIGURE 18.

Une cloison de cellule vue à la loupe. On distingue les quatre anneaux de sciure dont la cloison est formée, et le petit disque circulaire de même matière, qui remplit le vide du centre.

FIGURE 19.

Fait voir un morceau d'un gâteau de cire, à un des côtés duquel est attachée une cellule royale, remarquable par sa forme et sa grosseur. On distingue sur ce morceau de gâteau, plusieurs cellules qui, ainsi que la royale, sont fermées, parce qu'elles renferment des larves, ou des nymphes.

PLANCHE VI.

FIGURE 1.

Un puceron ailé.

FIGURE 2.

L'hippobosque, ou mouche araignée des chevaux.

FIGURE 5.

Le fourmilion.

FIGURE 4.

La larve du fourmilion.

FIGURE 5.

Le criocère du lis.

FIGURE 6.

La larve du criocère du lis, couverte de ses excréments.

FIGURE 7.

La fourche et l'anus de la larve du criocère du lis.

FIGURE 8.

La teigne des feuilles dans son étui.

FIGURE 9.

La teigne des pelleteries dans son étui.

FIGURE 10.

La phalène que produit la teigne de la figure 9.

FIGURE 11.

La frigane, ou mouche papillonnacée.

FIGURE 12.

La larve de la frigane dans son fourreau fait de coquilles.

FIGURE 13.

L'ichneumon.

FIGURE 14.

Le sphex.

FIGURE 15.

La guêpe commune.

FIGURE 16.

Les étuis ou cellules de l'abeille tapissière.

FIGURE 17.

Une cellule de la figure précédente, ayant son fond en haut. On voit une des feuilles qui en font le corps, presque détachée.

FIGURE 18.

Le bourdon (abeille terrestre).

FIGURE 19.

Une chrysalide pendue, avec une partie de sa peau.

FIGURE 20.

Une chrysalide avec sa ceinture.

FIGURE 21.

La chenille qui se lie.

FIGURE 22.

La coque du grand paon en petit et au trait.

FIGURE 23.

La cochenille.

FIGURE 24.

La demoiselle (ou libellule).

FIGURE 25.

Une larve de demoiselle.

FIGURE 26.

Un masque, en casque, de larve de demoiselle, appliqué contre la tête ; mais dont un volet est ouvert.

n. Ce volet ouvert. En *s*, au bout de la suture *ss*, est le pivot sur lequel il tourne.
c, *c.* Épine qui part de l'angle antérieur de chaque volet.
m. La mentonnière.

FIGURE 27.

Une tête d'une nymphe de demoiselle, de laquelle le masque a été éloigné.

e e, *ff.* Les quatre dents, dont il n'y en a ici que trois à découvert.
l. La langue.
b. Le support du masque.
p. Le menton.
m. La mentonnière.
c, *d.* Un des crochets qui est vu par le côté.

FIGURE 28.

L'éphémère.

FIGURE 29.

La larve de l'éphémère.

FIN DE L'EXPLICATION DES PLANCHES.

TABLE DES MATIÈRES

CONTENUES DANS LE SECOND VOLUME.

FIN DU TOME SECOND ET DERNIER.

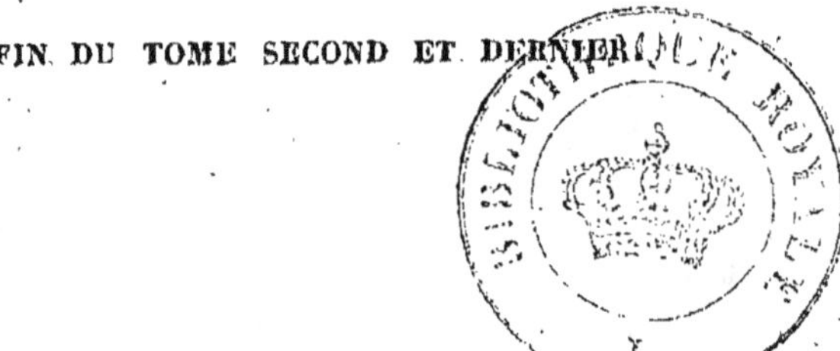

www.ingramcontent.com/pod-product-compliance
Lightning Source LLC
Chambersburg PA
CBHW051548030726
47592CB00001B/184